Références sciences

J'apprends facilement le CSS avec GRID & FLEXBOX

Carl Brison

ellipses

Collection Références sciences

dirigée par Paul de Laboulaye
paul.delaboulaye@editions-ellipses.fr

Retrouvez tous les livres de la collection et des extraits sur www.editions-ellipses.fr

ISBN 9782340-035294

32, rue Bargue 75740 Paris cedex 15

www.editions-ellipses.fr

Avant-propos

Jamais le CSS n'aura été aussi facile pour positionner des éléments !

Je réalise des sites internet depuis le début des années 2000 et à cette époque nous nous servions des tableaux HTML pour gérer la mise en page de nos sites.
Puis de nouveaux supports pour visionner les sites internet sont arrivés sur le marché, tels que les smartphones ou les tablettes. Il a alors fallu penser à un nouveau mode de mise en page afin que les sites internet puissent s'adapter aux nouveaux supports qui les visionnaient. De là, la mise en page par tableaux a été abandonnée au profit d'une mise en page à l'aide du langage CSS.
Cependant, des propriétés CSS telles que ***FLOAT*** n'étaient pas adaptées à la mise en page d'un site internet. Et parfois il pouvait même être extrêmement laborieux de mettre en page un site internet à l'aide des propriétés classiques du CSS.
C'est d'ailleurs pour celà que des frameworks tels que ***bootstrap*** ont vu le jour, pour aider les concepteurs de sites internet à réaliser des mises en pages plus facilement.
Oui mais voilà, ***bootstrap*** n'est pas une technique officielle et le CCS ne peut pas se faire voler la vedette par un framework, d'où la naissance des technologies ***grid*** et ***flexbox*** !
Il s'agit de techniques très simples du CSS pour positionner tous les éléments d'un site internet, exactement comme on le souhaite.
Dans ce livre nous allons apprendre toutes les propriétés liées à ***grid*** et à ***flexbox*** ainsi que toutes leurs valeurs.
Nous étudierons ces technologies séparément puis nous verrons comment les utiliser ensemble pour mettre en page un site web.

A la fin de la lecture de ce livre, vous serez largement opérationnel pour réaliser la mise en page de n'importe quel site internet.

Je vous souhaite une bonne lecture,

Carl Brison.

Table des matières

::: Partie 1

CSS GRID

::: Partie 2

FLEXBOX

::: Partie 3
GRID & FLEXBOX ENSEMBLE

Partie 1

CSS-GRID

Chapitre 1

Présentation de grid

1.1. Introduction

Tout d'abord, pour accéder à la technologie ***grid***, nous devons utiliser la propriété CSS ***display*** à qui nous donnons la valeur ***grid***. Ceci aura pour conséquence de créer une grille virtuelle afin de nous faciliter la mise en page des élements HTML. Voici le code CSS :

```
display: grid;
```

1.2. Comment est constituée la grille

La grille est constituée de lignes et de colonnes, elles-mêmes séparées par des lignes de grille. Voici à quoi ressemble la grille :

Figure 1-1 : Grille CSS

La grille est constituée de plusieurs lignes et de plusieurs colonnes. Il peut y avoir autant de lignes et de colonnes que l'on souhaite
La grille est également constituée de lignes de grille. Les lignes de grille sont les lignes qui vont séparer les différentes lignes et colonnes qui constituent la grille. La ligne de grille est également présente tout autour de la grille.
En étudiant la figure ci-dessus *(figure 1-1)*, nous pouvons nous apercevoir que celle-ci est constituée de 3 lignes.

Voici les 3 lignes de notre grille :

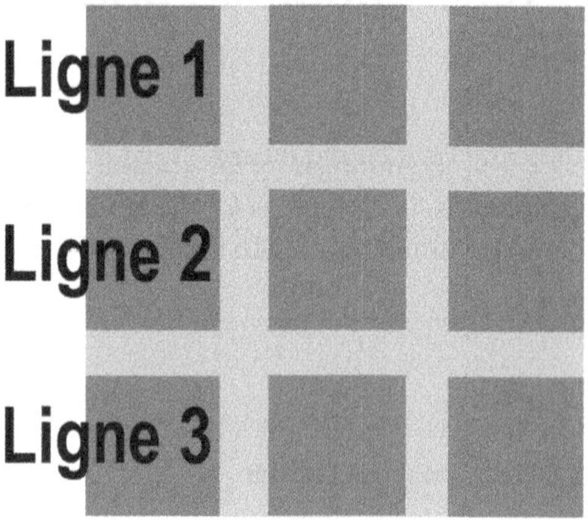

Figure 1-2 : Les lignes

De même qu'en étudiant la figure 1-1, nous pouvons nous apercevoir que celle-ci-est constituée de 3 colonnes.

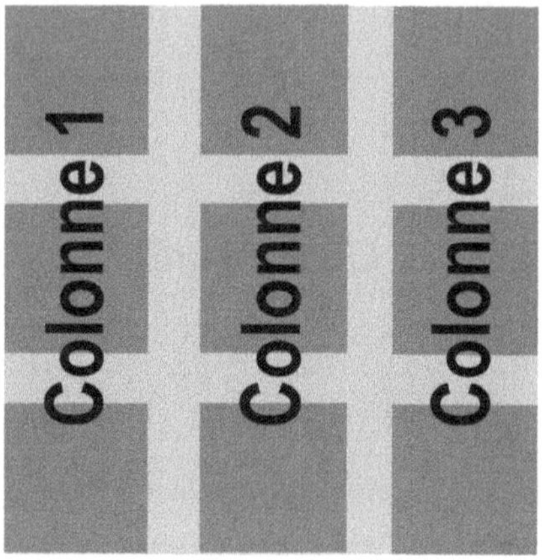

Figure 1-3 : Les colonnes

Quant aux lignes de grille, nous avons sur la figure 1-1, 4 lignes de grille horizontale et 4 lignes de grille verticale.

Voici les 4 lignes de grille horizontale :

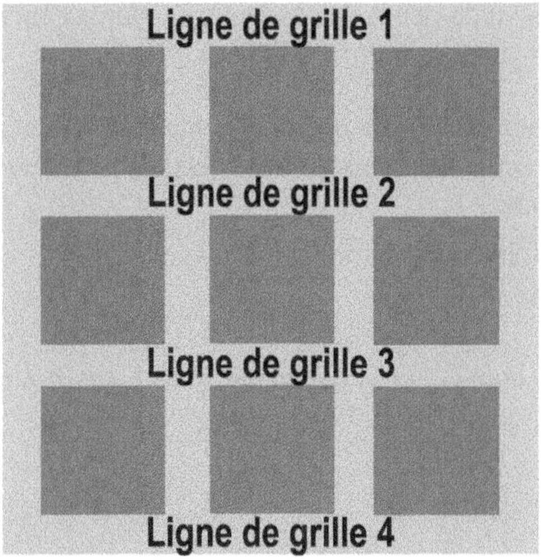

Figure 1-4 : Lignes de grille horizontale

Voici les 4 lignes de grille verticale :

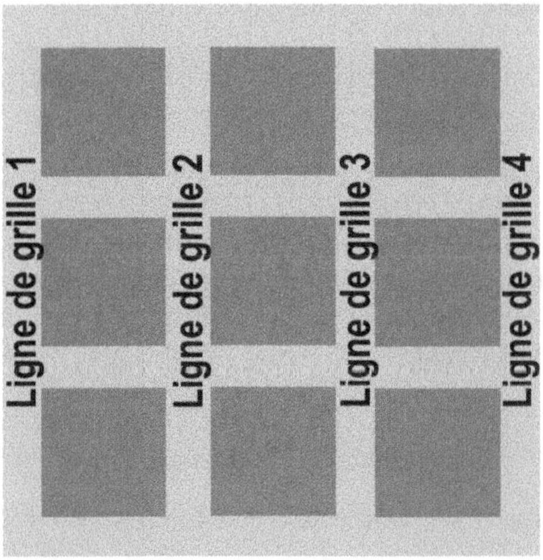

Figure 1-5 : Lignes de grille verticale

1.3. Le *display grid* et le *display inline-grid*

Comme nous l'avons vu au début de ce chapitre, pour accéder à la technologie ***grid*** nous devons nous servir de la propriété CSS ***display***.

Nous allons créer deux boîtes ***div*** dans un fichier HTML à qui nous allons donner un identifiant. Nous écrirons le mot ***Grille 1*** dans la première boîte et le mot ***Grille 2*** dans la seconde boîte.

```
<div id="grille1">Grille 1</div>
<div id="grille2">Grille 2</div>
```

Nous allons ensuite donner une couleur de fond à ces boîtes ***div*** dans un fichier CSS externe.

```
#grille1 {
        background-color: #f00;
}
#grille2 {
        background-color: #00f;
}
```

Voici le résultat que nous allons obtenir dans un navigateur :

Figure 1-6 : Mise en place de 2 boîtes div

Sans surprise, nous constatons que les deux boîtes ***div*** sont empilées l'une sur l'autre car par défaut elles ont un comportement de type ***bloc***.
Nous allons maintenant ajouter la propriété ***display*** à nos deux identifiants à qui nous donnerons la valeur ***grid***.

```
#grille1 {
        background-color: #f00;
        display: grid;
}
#grille2 {
        background-color: #00f;
        display: grid;
}
```

Voyons à présent ce que cela va nous donner comme résultat dans un navigateur :

Figure 1-7 : Résultat du display grid

Le constat que nous faisons ici est que le fait d'avoir défini un ***display: grid*** aux deux boîtes ***div*** n'a absolument pas modifié le résultat dans un navigateur.
Nous pouvons donc conclure que le fait de définir un ***display: grid*** à une boîte ***div*** donne à cette boîte ***div*** un comportement de type ***bloc***. Il n'est donc pas possible de positionner ces deux boîtes ***div*** l'une à côté de l'autre.
Comment faire pour modifier cet état si malgré tout on souhaite positionner ces deux boîtes ***div*** l'une à côté de l'autre ? Il suffit tout simplement de modifier la valeur du ***display*** en la passant de ***grid*** à ***inline-grid***.
Vérifions cela en modifiant notre code CSS :

```
#grille1 {
        background-color: #f00;
        display: inline-grid;
}
#grille2 {
        background-color: #00f;
        display: inline-grid;
}
```

Voici le résultat obtenu dans un navigateur

Figure 1-8 : Résultat du display inline-grid

Nos deux boîtes ***div*** viennent de perdre leur comportement de type ***bloc*** pour adopter celui du type ***inline***. Elles ont pour largeur ce qu'elles contiennent.

1.4. Conclusion de ce chapitre

Pour accéder aux grilles, nous devons utiliser la propriété CSS ***display***. Si nous souhaitons que la boîte qui va contenir cette propriété CSS soit de type ***bloc***, alors nous donnerons la valeur ***grid***. Si nous souhaitons que la boîte qui va contenir cette propriété CSS soit de type ***inline***, alors nous donnerons la valeur ***inline-grid***.
Ce qu'il faut également retenir est que la boîte qui va contenir le ***display: grid*** deviendra alors un ***conteneur***. C'est-à-dire qu'elle contiendra une grille.

Chapitre 2

Le conteneur et ses propriétés

2.1. Mise en place du conteneur et des contenus

Il est très important de bien comprendre ce qu'est un conteneur et ce que sont les contenus. Le conteneur est une boîte qui va contenir d'autres boîtes, c'est-à-dire des contenus. C'est au conteneur que l'on donne la propriété ***display: grid***.
Prenons tout de suite un exemple en créant des boîtes ***div*** dans un document HTML. Nous donnerons un identifiant à la boîte qui sera le conteneur et nous donnerons une classe aux boîtes qui seront les contenus.

```
<div id="grille">
	<div class="un">un</div>
	<div class="deux">deux</div>
	<div class="trois">trois</div>
	<div class="quatre">quatre</div>
	<div class="cinq">cinq</div>
	<div class="six">six</div>
</div>
```

Ici le conteneur a pour identifiant le mot ***grille*** et les contenus ont pour classe les mots ***un***, ***deux***, ***trois*** jusqu'à ***six***.
Le conteneur renferme les six boîtes ***div***. C'est à lui que nous allons donner la technologie ***grid*** au travers d'une feuille de style. Quant aux contenus, nous leur donnerons à chacun une couleur différente.

```
#grille {
	display: grid;
}
.un {
	background-color: #fcf;
}
.deux {
	background-color: #f9f;
}
.trois {
	background-color: #f6f;
}
```

```
.quatre {
        background-color: #fc9;
}
.cinq {
        background-color: #fc6;
}
.six {
        background-color: #f96;
}
```

Voici le résultat que nous obtenons dans un navigateur :

Figure 2-1 : Conteneur et contenus

Nous pouvons observer que le conteneur ainsi que les contenus ont par défaut un comportement de type ***bloc*** et ce malgré le fait que l'on a donné la propriété ***display*** au conteneur.
Par conséquent, le fait de donner la propriété ***display: grid*** à un conteneur ne modifie en rien le comportement par défaut des boîtes ***div***. En revanche, cela nous permet d'entrer dans la technologie ***grid*** et d'accéder ainsi à des nouvelles propriétés CSS qui vont nous permettre de créer une grille virtuelle et de positionner les contenus selon cette grille.

2.2. Un contenu peut devenir un conteneur

Dans la seconde partie de ce livre, nous étudierons la technologie ***flexbox***. Il s'agit là-aussi d'une technologie CSS de positionnement d'éléments. Cependant la technologie ***flexbox*** et la technologie ***grid*** ne sont pas concurrentes mais complémentaires.
Bien que nous n'ayons pas encore étudié la technologie ***flexbox***, nous allons faire une petite parenthèse en nous servant de ***flexbox*** pour transformer les contenus en conteneurs.

Pour cela, nous allons donner une classe supplémentaire à nos contenus et nous appellerons cette nouvelle classe ***flexbox***.

```
<div id="grille">
        <div class="un flexbox">un</div>
        <div class="deux flexbox">deux</div>
        <div class="trois flexbox">trois</div>
        <div class="quatre flexbox">quatre</div>
        <div class="cinq flexbox">cinq</div>
        <div class="six flexbox">six</div>
</div>
```

Dans notre feuille de style, nous allons ajouter cette nouvelle classe et lui donner la propriété ***display***, mais cette fois ce ne sera pas la valeur ***grid*** mais la valeur ***flex***. Sans entrer dans le détail de la technologie ***flexbox*** que nous étudierons dans la deuxième partie de ce livre, le fait de donner la propriété ***display: flex*** à la classe ***flexbox*** fait que tous les éléments HTML qui possèdent cette classe deviendront des conteneurs.
A cette classe ***flexbox***, nous allons ordonner que les éléments HTML soient centrés, qu'ils aient une taille de 30 pixels, qu'ils soient écrits en gras, qu'ils aient un padding de 20 pixels et que la boîte ***div*** qui possède cette classe ait une bordure solide de 1 pixel.

```
.flexbox {
        display: flex;
        justify-content: center;
        padding: 20px;
        font-size: 30px;
        font-weight: bold;
        border: 1px solid #333;
}
```

Nous reviendrons très largement sur la technologie ***flexbox*** à la deuxième partie de ce livre. Comprenez simplement ici que la propriété ***justify-content*** va nous permettre de centrer un texte sur la largeur du nouveau conteneur.

Voici le résultat que nous obtenons dans un navigateur :

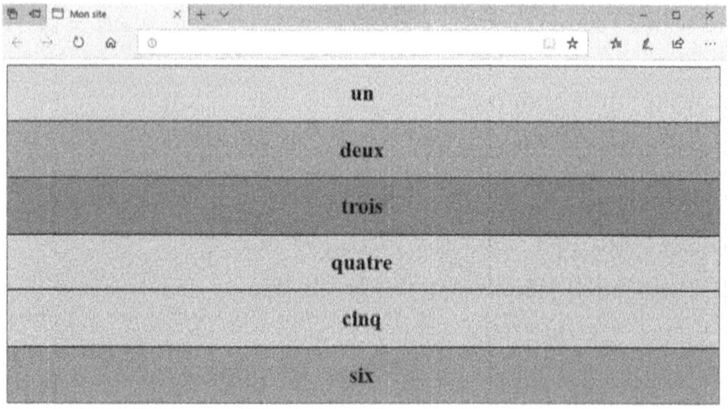

Figure 2-2 : Les contenus deviennent des conteneurs

De ce fait, nous nous retrouvons avec un conteneur qui possède six contenus qui sont eux-mêmes des conteneurs.

2.3. Création de colonnes

Revenons à notre boîte ***div*** à qui nous avons donné pour identifiant le nom ***grille***. Au niveau CSS, nous en avons fait un conteneur puisque nous lui avons donné la propriété ***display*** à qui nous avons donné la valeur ***grid***.
De ce fait, nous pouvons maintenant accéder à la technologie ***grid*** pour ce conteneur. Donc nous allons pouvoir mettre en place une grille CSS.
Une grille est naturellement constituée de deux choses : des **lignes** et des **colonnes**. Ici nous allons voir comment créer des colonnes grâce à une nouvelle propriété CSS. Cette nouvelle propriété se nomme ***grid-template-columns***. Elle attend des valeurs pour chaque colonne créée. Par exemple si on veut créer deux colonnes, on écrira deux valeurs. Chaque valeur correspondra à la largeur de la colonne ainsi créée.
Si on souhaite créer deux colonnes de 200 pixels chacune, nous allons alors ajouter cette nouvelle propriété à l'identifiant ***grille*** en lui donnant pour valeur 200px et 200px.

```
#grille {
        display: grid;
        grid-template-columns: 200px 200px;
}
```

Ceci aura pour conséquence de détruire le comportement de type ***bloc*** des contenus.

Voyons le résultat obtenu dans un navigateur :

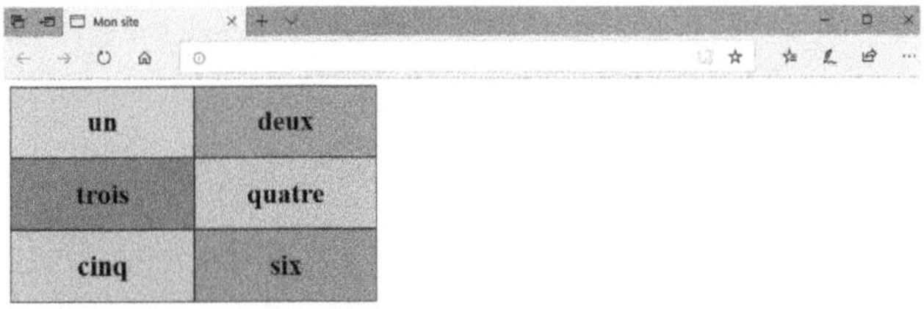

Figure 2-3 : Mise en place des colonnes

Ici on se retrouve avec deux colonnes de 200 pixels chacune. Cela signifie que notre conteneur ***grille*** possède une première colonne de 200 pixels de large et une deuxième colonne de 200 pixels de large.

Nous aurions pu utiliser le pourcentage comme unité de mesure. Par exemple, au lieu de donner 200 pixels de large à nos deux colonnes, nous aurions pu leur donner pour valeur 50%. Elles auraient alors occupé chacune 50% de la largeur du conteneur.
Voici le code CSS :

```
#grille {
        display: grid;
        grid-template-columns: 50% 50%;
}
```

Le résultat obtenu dans un navigateur sera celui-ci :

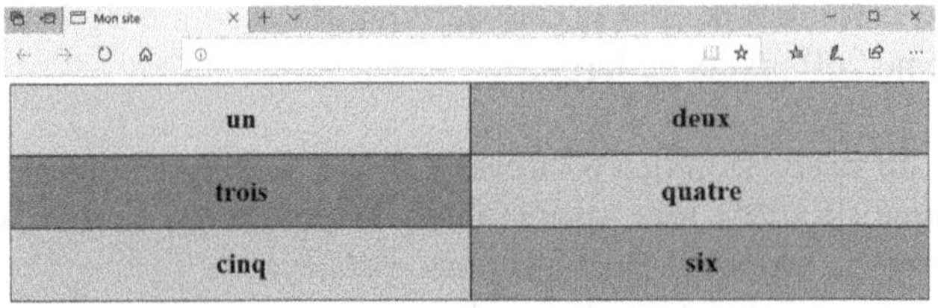

Figure 2-4 : colonnes gérées en pourcentage

Il est tout à fait possible de mélanger les unités de mesure. Par exemple, on peut donner une valeur de 200 pixels pour la première colonne et une valeur de 50% pour la seconde colonne. Comme ceci

```
#grille {
        display: grid;
        grid-template-columns: 200px 50%;
}
```

Voici le résultat de ce code dans un navigateur :

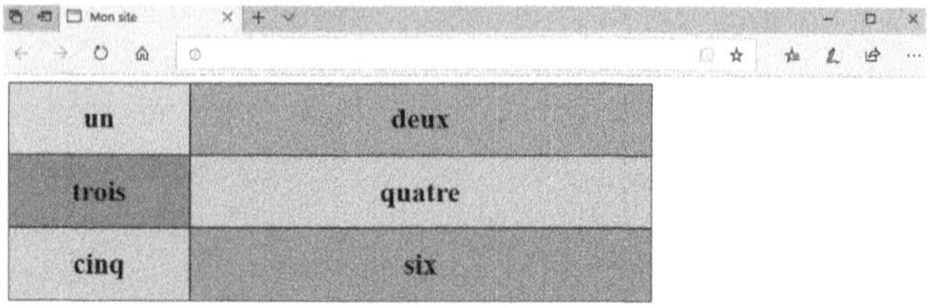

Figure 2-5 : Plusieurs unités de valeur

Si nous voulions obtenir trois colonnes, vous avez compris qu'il nous suffit d'inscrire trois valeurs à la propriété ***grid-template-columns***. Comme ceci :

```
#grille {
        display: grid;
        grid-template-columns: 200px 300px 200px;
}
```

Voici le résultat obtenu dans un navigateur :

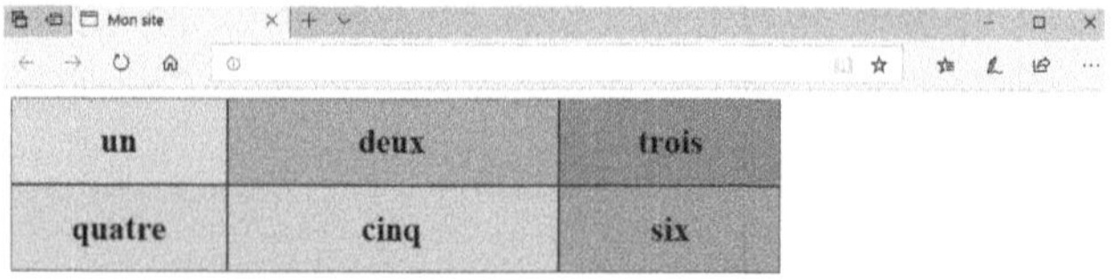

Figure 2-6 : Création de trois colonnes

Ici la première colonne fait 200 pixels de large, la seconde 300 pixels de large et enfin la troisième 200 pixels de large.

Pour conclure sur la création de colonnes, à chaque fois que nous voulons créer une nouvelle colonne, il suffit tout simplement de donner sa largeur en pixel ou en pourcentage, dans la propriété ***grid-template-columns***.
Nous verrons un peu plus loin dans ce livre, qu'il existe une nouvelle unité de mesure qui a été créée spécialement pour les grilles CSS.

2.4. Gestion de la hauteur des lignes

Contrairement aux colonnes dont on défini le nombre, les lignes sont gérées tout autrement. En fait, le nombre de lignes est en relation direct avec le nombre de colonnes, suivant la quantité de contenus.
Bien que nous ne puissions pas définir le nombre de lignes, nous pouvons cependant intervenir sur la hauteur de ces lignes. Pour cela, le CSS met à notre disposition la propriété ***grid-template-rows***.

Nous conservons le même code HTML :

```
<div id="grille">
        <div class="un flexbox">un</div>
        <div class="deux flexbox">deux</div>
        <div class="trois flexbox">trois</div>
        <div class="quatre flexbox">quatre</div>
        <div class="cinq flexbox">cinq</div>
        <div class="six flexbox">six</div>
</div>
```

Concernant le code CSS, nous demandons à obtenir deux colonnes :

```
#grille {
        display: grid;
        grid-template-columns: 200px 300px;
}
.un {
        background-color: #fcf;
}
.deux {
        background-color: #f9f;
}
.trois {
        background-color: #f6f;
}
.quatre {
        background-color: #fc9;
}
.cinq {
        background-color: #fc6;
}
.six {
        background-color: #f96;
}
.flexbox {
        display: flex;
        justify-content: center;
        padding: 20px;
```

```
        font-size: 30px;
        font-weight: bold;
        border: 1px solid #333;
}
```

La conséquence de ce code est que l'on obtient 3 lignes car le nombre de lignes est la conséquence du nombre de colonnes par rapport au nombre de contenus.

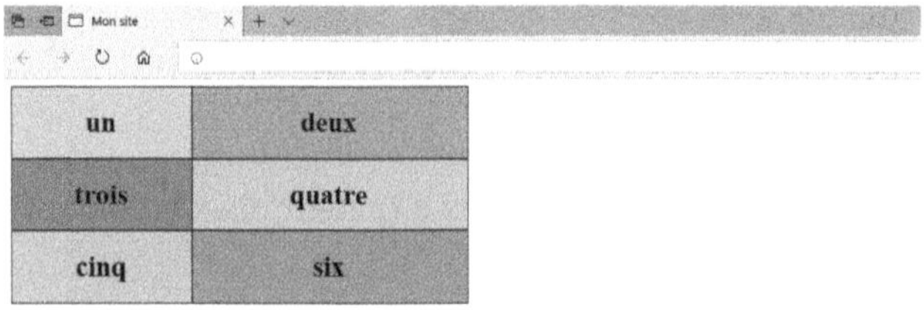

Figure 2-7 : Obtention de 2 colonnes et 3 lignes

Afin de pouvoir intervenir sur la hauteur des lignes, il nous suffit d'ajouter notre nouvelle propriété CSS ***grid-template-rows*** à notre conteneur nommé ***grille***, et de lui donner une hauteur pour chacune des lignes.
Par exemple, nous pouvons donner une hauteur de 200 pixels à la première ligne

```
#grille {
        display: grid;
        grid-template-columns: 200px 300px;
        grid-template-rows: 200px;
}
```

Voici le résultat obtenu dans un navigateur :

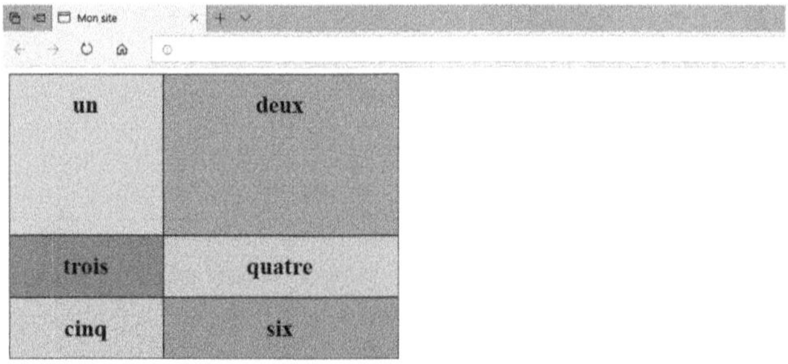

Figure 2-8 : Modification de la hauteur de la première ligne

La première ligne fait 200 pixels de haut et uniquement la première ligne. Les autres lignes n'ont pas été modifiées.
Si on souhaite modifier la hauteur de la seconde ligne, on rajoute une nouvelle valeur après la première.

Ici nous donnons une hauteur de 200 pixels à la première ligne et une hauteur de 100 pixels à la seconde ligne.

```
#grille {
	display: grid;
	grid-template-columns: 200px 300px;
	grid-template-rows: 200px 100px;
}
```

Voici le résultat de ce nouveau code :

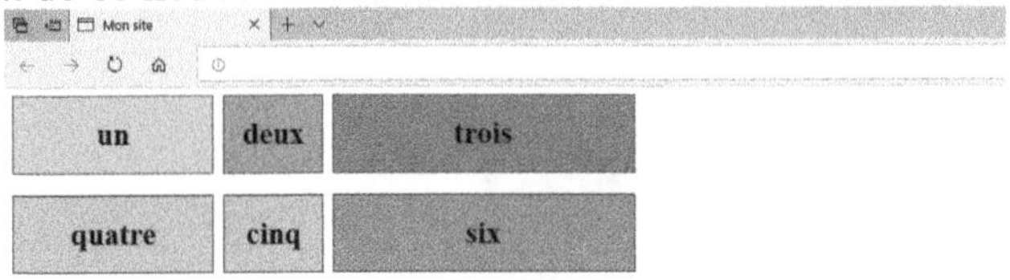

Figure 2-9 : 200px pour la 1ère ligne et 100px pour la 2ème

Ici nous avons géré les hauteurs de lignes en pixel, il est également possible de les gérer en pourcentage. Cependant attention, pour pouvoir gérer des hauteurs de lignes en pourcentage, il nous faut donner une hauteur au conteneur.
Voyons tout de suite un exemple pour bien comprendre. Nous allons définir une hauteur de 50% pour la première ligne. Nous laissons la hauteur de 100 pixels pour la seconde ligne.

```
#grille {
	display: grid;
	grid-template-columns: 200px 300px;
	grid-template-rows: 50% 100px;
}
```

Voici le résultat de ce code CSS :

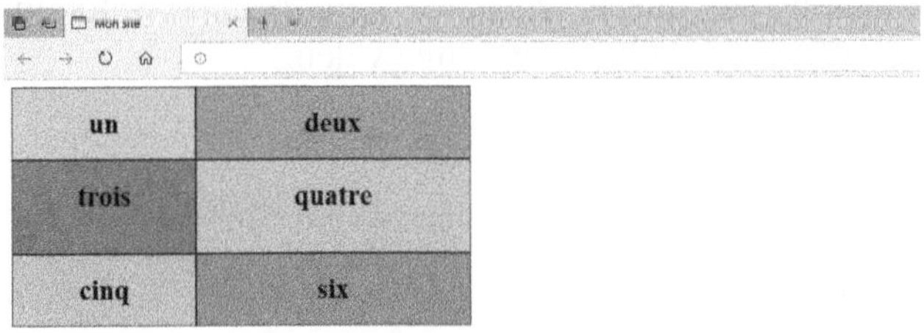

Figure 2-10 : Gestion de la 1ère ligne de pourcentage

Nous pouvons voir que le fait d'avoir passé la hauteur de la première ligne en pourcentage n'a eu aucun effet. Pour que la hauteur en pourcentage puisse fonctionner, nous devons donner une hauteur au conteneur.

Ici nous allons donner une hauteur de 600 pixels à notre conteneur :

```
#grille {
	display: grid;
	grid-template-columns: 200px 300px;
	grid-template-rows: 50% 100px;
	height: 600px;
}
```

Voici le résultat obtenu dans un navigateur :

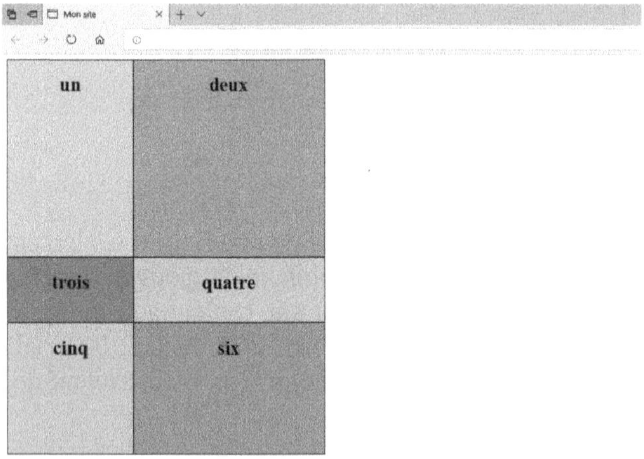

Figure 2-11 : Hauteur donnée au conteneur

Voici l'explication de ce résultat. Le conteneur possède une hauteur de 600 pixels, la première ligne occupe 50% de la hauteur du conteneur, c'est-à-dire 300 pixels. La deuxième ligne occupe 100 pixels de haut. Il reste donc 200 pixels à combler pour atteindre les 600 pixels de haut du conteneur, c'est précisément la hauteur de la troisième ligne.
Si nous ne souhaitons pas que la troisième ligne occupe la totalité de la hauteur restante, il nous suffit alors de lui donner une valeur.

```
#grille {
	display: grid;
	grid-template-columns: 200px 300px;
	grid-template-rows: 50% 100px 150px;
	height: 600px;
}
```

Nous avons vu qu'en donnant une hauteur au conteneur et en ne donnant aucune hauteur à la troisième ligne, celle-ci occupait alors la hauteur restante. Comment faire pour que ce soit la deuxième ligne qui occupe la hauteur restante et non la troisième ? Il suffit tout simplement de donner la valeur ***auto*** à la deuxième ligne.

```
#grille {
        display: grid;
        grid-template-columns: 200px 300px;
        grid-template-rows: 50% auto 100px;
        height: 600px;
}
```

Voici le résultat obtenu dans un navigateur :

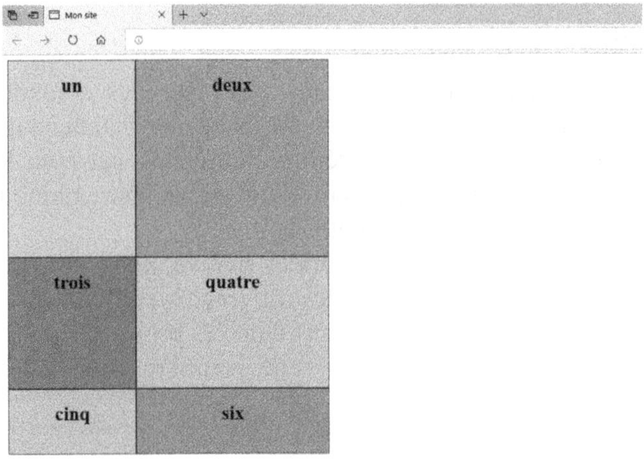

Figure 2-12 : Passage en auto de la 2ème ligne

Voici l'explication de ce résultat. Le conteneur possède une hauteur de 600 pixels, la première ligne occupe 50% de la hauteur du conteneur, c'est-à-dire 300 pixels. La troisième ligne occupe 100 pixels de haut. Il reste donc 200 pixels à combler pour atteindre les 600 pixels de haut du conteneur, c'est précisément la hauteur de la deuxième ligne grâce à la valeur ***auto***.

Il est également possible d'utiliser la valeur ***auto*** pour gérer la largeur des colonnes. Par exemple, si nous voulons définir une première colonne de 200 pixels, une troisième colonne de 300 pixels et que la seconde colonne remplisse toute la largeur restante, il suffit de passer cette deuxième colonne en valeur ***auto***.

```
#grille {
        display: grid;
        grid-template-columns: 200px auto 300px;
}
```

Voici le résultat obtenu dans un navigateur :

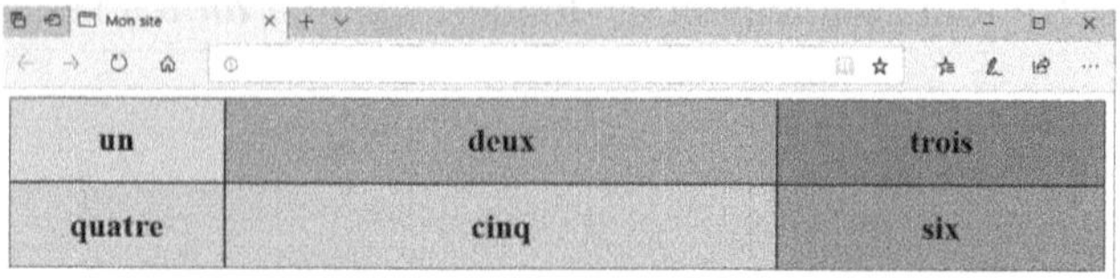

Figure 2-13 : Deuxième colonne en auto

Nous constatons que la deuxième colonne remplit tout l'espace restant du fait qu'elle a pour valeur ***auto***.

2.5. Les gouttières

Jusqu'à présent nous avons appris à mettre en place des colonnes, à gérer leur largeur et à gérer la hauteur des lignes. Nous allons maintenant voir comment espacer les différentes lignes et les différentes colonnes, car pour le moment elles sont collées les unes aux l'autres. En clair, nous allons apprendre à mettre en place des gouttières afin d'espacer les différentes boîtes.
CSS met à notre disposition une propriété qui va nous permettre de pouvoir installer un espace, une gouttière entre les différentes colonnes. Cette propriété se nomme ***grid-column-gap***. Elle sera à placer dans les propriétés CSS du conteneur.
Pour notre exemple, nous allons définir une gouttière entre les colonnes de 10 pixels.

```
#grille {
        display: grid;
        grid-template-columns: 200px 100px 300px;
        grid-column-gap: 10px;
}
```

Voici le résultat obtenu dans un navigateur :

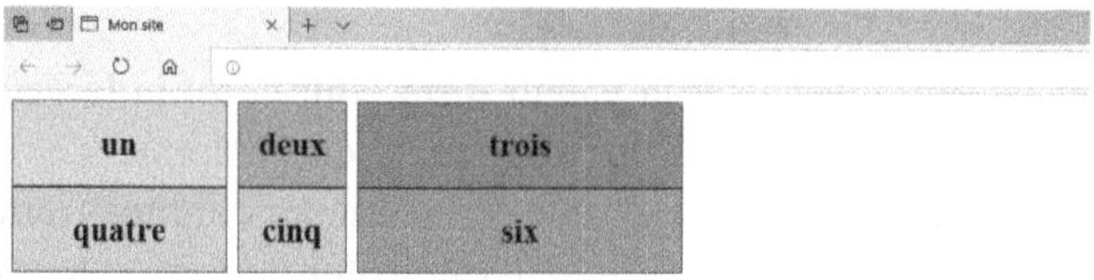

Figure 2-14 : Mise en place d'une gouttière entre les colonnes

Les différentes colonnes sont éloignées de 10 pixels les unes des autres. En terme de largeur occupée, nous avons la première colonne qui occupe 200 pixels, suivie d'une gouttière qui occupe 10 pixels, suivie d'une seconde colonne qui occupe 100 pixels, suivie d'une nouvelle gouttière qui occupe 10 pixels et enfin suivie d'une troisième colonne qui occupe 300 pixels. Soit une largeur totale de 620 pixels.

Nous pouvons en faire de même avec les lignes. Il nous est possible de mettre en place des gouttières entre les différentes lignes. Pour cela, nous avons à notre disposition la propriété ***grid-row-gap***. Cette propriété est également à placer dans les propriétés CSS du conteneur.
En poursuivant avec notre exemple, nous allons ajouter une gouttière de 20 pixels entre les différentes lignes. Ici il n'y a que deux lignes

```
#grille {
        display: grid;
        grid-template-columns: 200px 100px 300px;
        grid-column-gap: 10px;
        grid-row-gap: 20px;
}
```

Voici le résultat obtenu dans un navigateur :

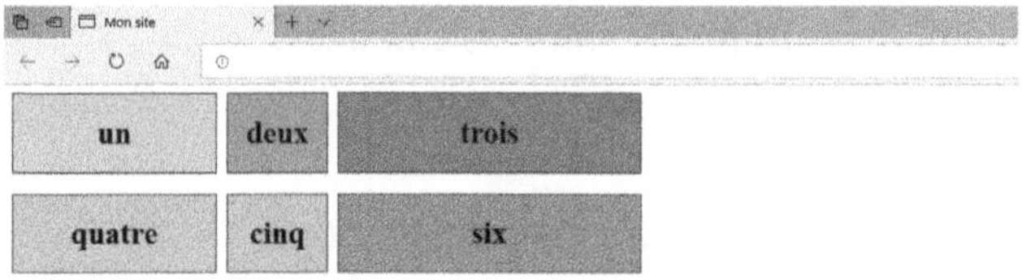

Figure 2-15 : Mise en place d'une gouttière entre les lignes

Ici les lignes sont éloignées de 20 pixels les unes des autres.

Nous avons également la possibilité de mettre en place une gouttière globale, c'est-à-dire une gouttière qui aura la même taille partout, aussi bien entre les colonnes qu'entre les lignes. La propriété CSS qui nous permet cela est la propriété ***grid-gap***. Cette propriété est à placer dans les propriétés CSS du conteneur.
En reprenant notre exemple, nous allons mettre en place une gouttière de 20 pixels de large tout autour des lignes et des colonnes.

```
#grille {
        display: grid;
        grid-template-columns: 200px 100px 300px;
        grid-gap: 20px;
}
```

Voici le résultat obtenu dans un navigateur :

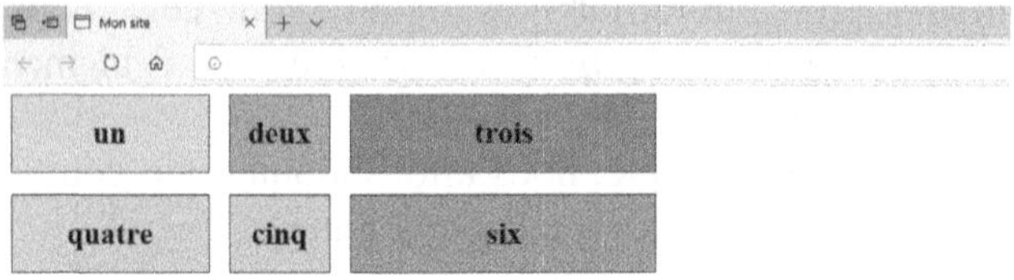

Figure 2-16 : Mise en place d'une gouttière générale

Ici les lignes et les colonnes sont toutes éloignées de 20 pixels.
En réalité, la propriété ***grid-gap*** est ce que l'on appelle une super propriété car elle permet de remplacer les deux propriétés ***grid-row-gap*** et ***grid-column-gap***. Pour cela, il suffit tout simplement de lui donner deux valeurs. Une première valeur pour définir une gouttière entre les lignes et une deuxième valeur pour définir une gouttière entre les colonnes.
En reprenant notre exemple, nous allons définir une gouttière de 20 pixels entre les lignes et une gouttière de 10 pixels entre les colonnes.

```
#grille {
        display: grid;
        grid-template-columns: 200px 100px 300px;
        grid-gap: 20px 10px;
}
```

Voici le résultat obtenu dans un navigateur :

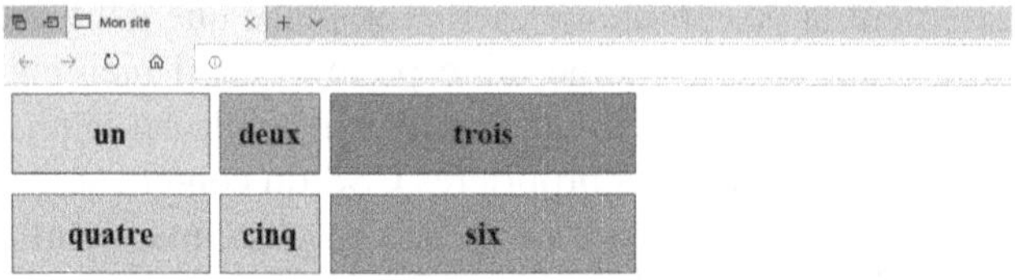

Figure 2-17 : Gouttière de 20px entre les lignes et 10px entre les colonnes

2.6. Une nouvelle unité de mesure

Nous conservons toujours le même code HTML et au niveau CSS nous allons définir une couleur de fond noire pour notre fenêtre de navigateur et une couleur de fond blanche pour notre conteneur. Nous allons réaliser une grille constituée de deux colonnes d'une largeur de 50% chacune, séparées par une gouttière de 20 pixels. Nous donnerons une hauteur de 100 pixels à nos trois lignes. Le conteneur fera 600 pixels de large et 400 pixels de haut. Voici le code CSS complet :

```
body {
        background-color: #000;
```

```
}
#grille {
	display: grid;
	grid-template-columns: 50% 50%;
	grid-template-rows: 100px 100px 100px;
	grid-column-gap: 20px;
	background-color: #fff;
	width: 600px;
	height: 400px;
}
.un {
	background-color: #fcf;
}
.deux {
	background-color: #f9f;
}
.trois {
	background-color: #f6f;
}
.quatre {
	background-color: #fc9;
}
.cinq {
	background-color: #fc6;
}
.six {
	background-color: #f96;
}
.flexbox {
	display: flex;
	justify-content: center;
	padding: 20px;
	font-size: 30px;
	font-weight: bold;
	border: 1px solid #333;
}
```

Voici le résultat de ce code :

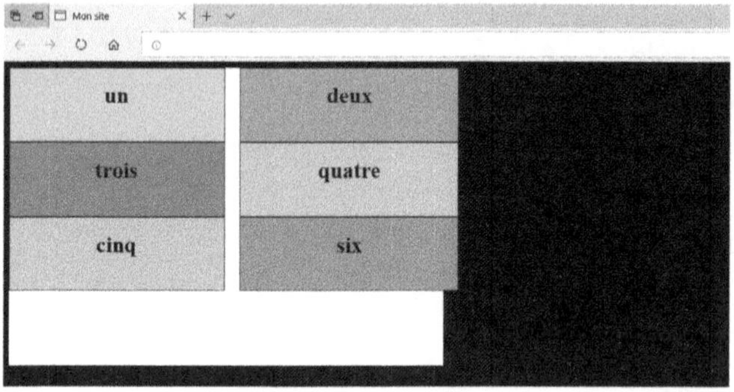

Figure 2-18 : Deux colonnes de 50% chacune avec une gouttière de 20px

Quel constat faisons-nous ici ? La grille sort du conteneur. Que s'est-il passé ? Précédemment nous avons compté la largeur qu'occupait la grille dans son conteneur. Nous allons refaire le même calcul pour cette grille. Ici nous avons un conteneur qui occupe 600 pixels de large. A l'intérieur de ce conteneur nous avons placé une grille de deux colonnes. La première colonne occupe 50% de l'espace qui lui est alloué, à savoir 50% de la largeur du conteneur, soit 300 pixels exactement. Ensuite nous avons placé une gouttière de 20 pixels de large, puis une deuxième colonne de 50% de large, soit 300 pixels de large comme la première colonne. En additionnant le tout, nous obtenons 620 pixels. Or le conteneur fait 600 pixels de large, donc la grille dépasse de 20 pixels de son conteneur. Comment faire pour que la grille ne sorte pas de son conteneur sans devoir pour autant gérer les largeurs en pixels ? C'est là que les créateurs de ***grid*** ont été très malins ! Ils ont inventé une nouvelle unité de mesure, les fractions. De ce fait, nous ne réagissons plus en terme de pourcentage mais en terme de fraction d'écran.
Reprenons notre exemple précédent et remplaçons la largeur des colonnes de 50% en une fraction d'écran, comme ceci

```
#grille {
	display: grid;
	grid-template-columns: 1fr 1fr;
	grid-template-rows: 100px 100px 100px;
	grid-column-gap: 20px;
	background-color: #fff;
	width: 600px;
	height: 400px;
}
```

Observons le résultat obtenu dans un navigateur :

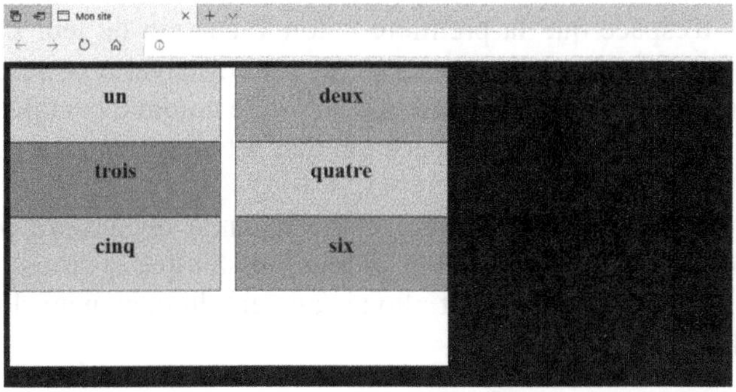

Figure 2-19 : Deux colonnes de 1fr chacune

Cette fois, la grille ne sort plus de son conteneur et nous n'avons pas eu besoin d'avoir recours aux pixels. L'unité de mesure ***fr*** nous permet de gérer nos colonnes en unité de fraction d'écran. Ainsi la largeur est automatiquement prise en compte et calculée par l'interpréteur CSS afin d'occuper de façon proportionnelle l'espace qui leur est alloué.

Ainsi, nous pouvons très facilement définir que la deuxième colonne occupe deux fois plus d'espace que la première colonne grâce à l'unité de mesure ***fr***.

```
#grille {
        display: grid;
        grid-template-columns: 1fr 2fr;
        grid-template-rows: 100px 100px 100px;
        grid-column-gap: 20px;
        background-color: #fff;
        width: 600px;
        height: 400px;
}
```

Voici le résultat de ce nouveau code :

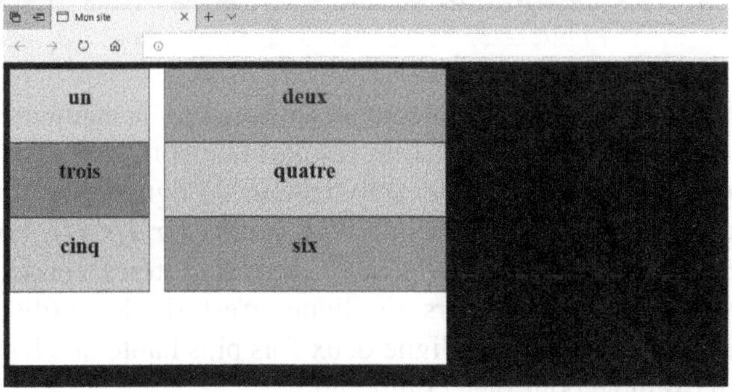

Figure 2-20 : Une colonne de 1fr et une colonne de 2fr

Grâce à cette nouvelle unité de mesure, la deuxième colonne occupe précisément deux fois plus d'espace que la première colonne au sein de leur conteneur. Nous n'avons pas eu besoin de réaliser des calculs afin d'arriver à ce résultat. Tout s'est fait tout seul et de façon ultra précise. La première colonne occupe 1 fraction et la deuxième occupe 2 fractions de l'espace qui leur est alloué au sein du conteneur.

On peut également se servir de cette nouvelle unité de mesure pour les lignes. Reprenons notre exemple précédent et demandons-lui que les trois lignes occupent 1 fraction de la hauteur qui leur est allouée au sein du conteneur dont la hauteur a été définie à 400 pixels.

```
#grille {
	display: grid;
	grid-template-columns: 1fr 2fr;
	grid-template-rows: 1fr 1fr 1fr;
	grid-column-gap: 20px;
	background-color: #fff;
	width: 600px;
	height: 400px;
}
```

Voici le résultat obtenu dans un navigateur :

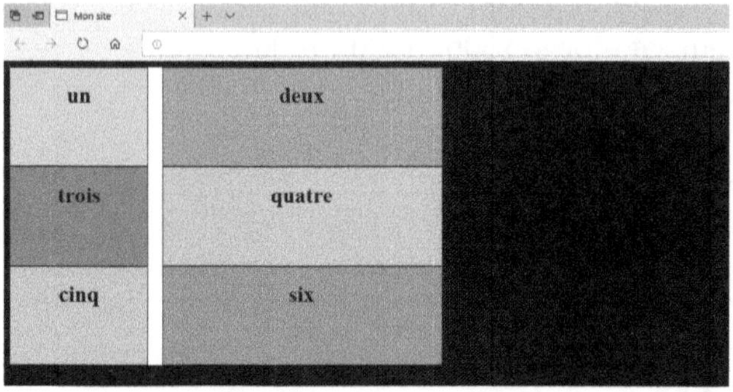

Figure 2-21 : Trois lignes de 1fr chacune

Il est à préciser que le résultat obtenu ici concernant la hauteur des lignes par rapport à la hauteur du conteneur, est un résultat que l'on obtient par défaut. C'est-à-dire, sans besoin de devoir préciser une hauteur de ligne d'une fraction chacune. En clair, en retirant la propriété ***grid-template-rows: 1fr 1fr 1fr***, nous obtiendrons exactement le même résultat. En revanche, ce qui est intéressant avec les unités de fraction pour calculer les hauteurs de ligne, c'est de les utiliser lorsque l'on souhaite, par exemple, obtenir une ligne deux fois plus haute que les autres. Voyons tout de suite un exemple pour bien comprendre.

Toujours en conservant notre exemple, nous allons ici demander à obtenir une deuxième ligne deux fois plus haute que la première et la dernière ligne.

```
#grille {
        display: grid;
        grid-template-columns: 1fr 2fr;
        grid-template-rows: 1fr 2fr 1fr;
        grid-column-gap: 20px;
        background-color: #fff;
        width: 600px;
        height: 400px;
}
```

Le résultat de ce code est le suivant :

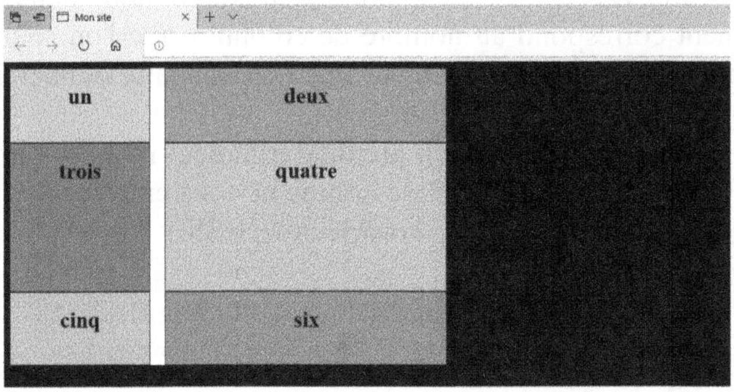

Figure 2-22 : Une ligne de 2fr avec deux lignes de 1fr

2.7. La fonction *repeat*

La fonction ***repeat*** va nous permettre de pouvoir répéter un certain nombre de fois la création de colonnes de même largeur ou bien de lignes de même hauteur.
Poursuivons avec notre exemple. Nous allons demander à créer trois colonnes de 1fr de large chacune.

```
#grille {
        display: grid;
        grid-template-columns: 1fr 1fr 1fr;
        grid-column-gap: 20px;
        background-color: #fff;
        width: 600px;
        height: 400px;
}
```

Nous obtiendrons le résultat suivant :

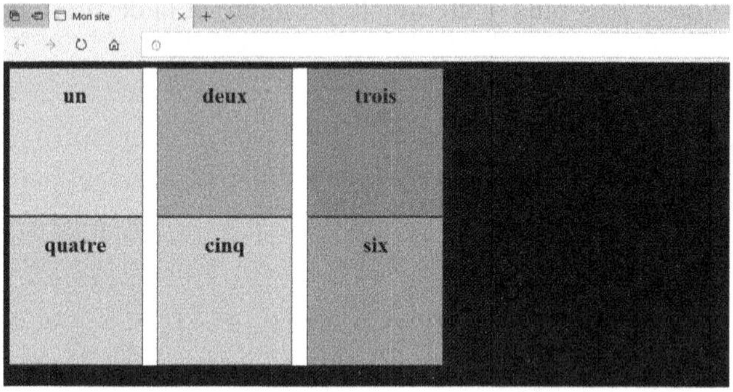

Figure 2-23 : 3 lignes de 1fr chacune

Il est possible d'obtenir le même résultat en simplifiant quelque peu notre code CSS grâce à la fonction ***repeat***. La fonction ***repeat*** va prendre deux arguments. Le premier argument correspond au nombre de colonnes que l'on souhaite répéter, le second argument correspond à la largeur que l'on souhaite donner à ces colonnes. Chaque argument est séparé par une virgule.
En reprenant l'exemple précédent, en premier argument nous entrerons le chiffre 3 pour obtenir 3 colonnes et en deuxième argument nous entrerons la valeur 1fr pour donner la largeur de nos 3 colonnes. Voici le code CSS

```
#grille {
	display: grid;
	grid-template-columns: repeat(3,1fr);
	grid-column-gap: 20px;
	background-color: #fff;
	width: 600px;
	height: 400px;
}
```

Si nous souhaitons également donner une hauteur de ligne équivalente à chacune des 2 lignes créées, nous pouvons aussi utiliser la fonction ***repeat***. Par exemple pour obtenir une hauteur de ligne équivalente de 150 pixels.

```
#grille {
	display: grid;
	grid-template-columns: repeat(3,1fr);
	grid-template-rows: repeat(2,150px);
	grid-column-gap: 20px;
	background-color: #fff;
	width: 600px;
```

```
	height: 400px;
}
```

Nous obtiendrons alors 2 lignes de 150 pixels de haut chacune :

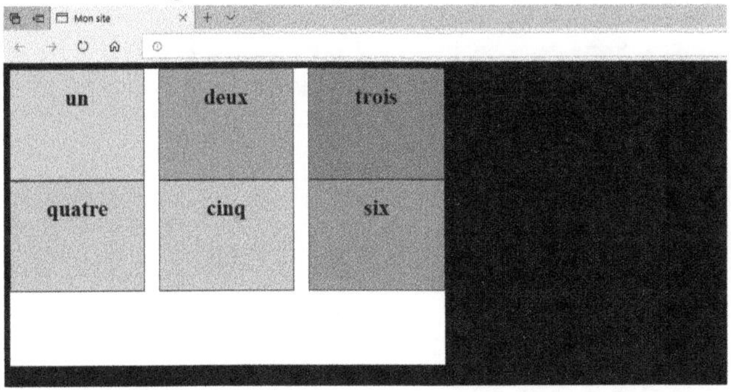

Figure 2-24 : 2 lignes de 150px de haut

Il est également possible de réaliser des répétitions multiples. C'est-à-dire que nous pouvons demander à répéter deux fois une colonne de 50px de large et une colonne de 100px de large. Voyons à quoi va ressembler un tel code CSS, toujours en utilisant l'exemple précédent.

```
#grille {
	display: grid;
	grid-template-columns: repeat(2,50px 100px);
	grid-column-gap: 20px;
	background-color: #fff;
	width: 600px;
	height: 400px;
}
```

Voici le résultat obtenu dans un navigateur :

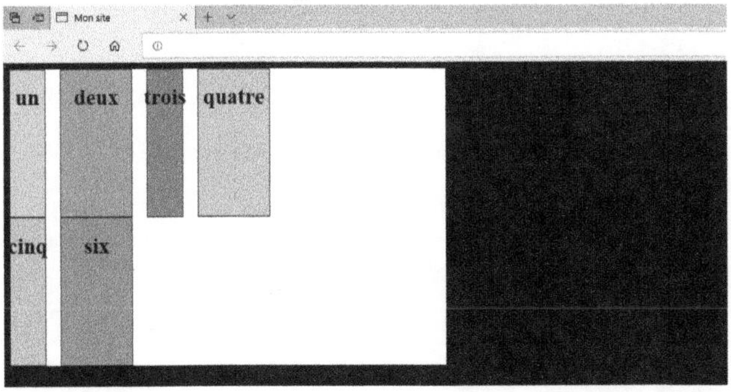

Figure 2-25 : 2 colonnes de 50px et 100px répétées 2 fois

Chapitre 3

Les contenus et leurs propriétés

3.1. Les lignes de grille verticale

Au début de ce livre, nous avons parlé des lignes de grille. Il s'agit de lignes qui se trouvent entre les différents contenus.

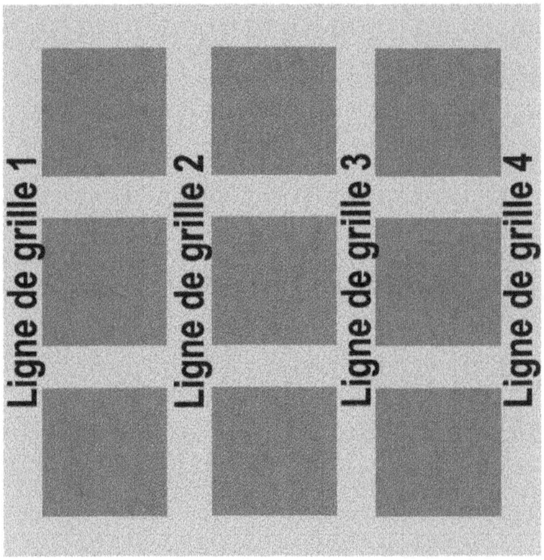

Figure 3-1 : Lignes de grille verticale

La figure 3-1 nous montre qu'il y a 3 colonnes et donc 4 lignes de grille.

Nous allons reprendre le même code HTML que nous utilisons depuis le début de ce livre.

```
<div id="grille">
        <div class="un flexbox">un</div>
        <div class="deux flexbox">deux</div>
        <div class="trois flexbox">trois</div>
        <div class="quatre flexbox">quatre</div>
        <div class="cinq flexbox">cinq</div>
        <div class="six flexbox">six</div>
</div>
```

Au niveau CSS, nous allons demander à afficher 3 colonnes de 1fr chacune au sein d'un conteneur de 600 pixels de large. Les colonnes seront espacées par une gouttière de 20 pixels de large.

```
body {
	background-color: #000;
}
#grille {
	display: grid;
	grid-template-columns: repeat(3,1fr);
	grid-column-gap: 20px;
	background-color: #fff;
	width: 600px;
}
.un {
	background-color: #fcf;
}
.deux {
	background-color: #f9f;
}
.trois {
	background-color: #f6f;
}
.quatre {
	background-color: #fc9;
}
.cinq {
	background-color: #fc6;
}
.six {
	background-color: #f96;
}
.flexbox {
	display: flex;
	justify-content: center;
	padding: 20px;
	font-size: 30px;
	font-weight: bold;
```

```
	border: 1px solid #333;
}
```

Voici le résultat dans un navigateur

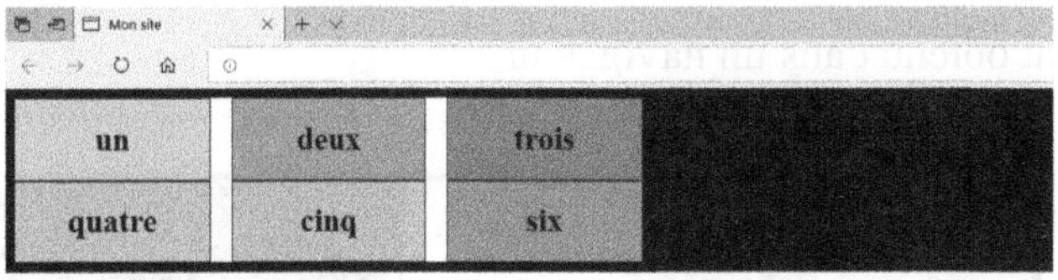

Figure 3-2 : 3 colonnes de 1fr de large espacées de 20px

Nous voulons à présent que la boîte numéro 1 occupe les 2 premières colonnes. Pour cela nous allons utiliser des propriétés CSS qui seront à placer au sein des propriétés CSS de la boîte numéro 1. La première propriété CSS se nomme ***grid-column-start***. Elle prendra pour valeur la ligne de grille verticale d'où débutera la boîte numéro 1. Ici ce sera la ligne de grille verticale numéro 1.
La seconde propriété CSS sera ***grid-column-end***. Elle prendra pour valeur la ligne de grille verticale d'où s'arrêtera la boîte numéro 1. Ici ce sera la ligne de grille verticale numéro 3.
Voici les propriétés CSS à placer pour la boîte numéro 1.

```
.un {
	background-color: #fcf;
	grid-column-start: 1;
	grid-column-end: 3;
}
```

Voici le résultat dans un navigateur

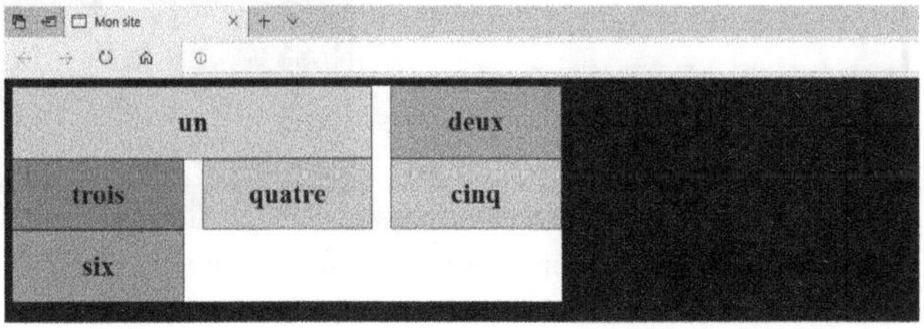

Figure 3-3 : La boîte numéro 1 occupe 2 colonnes

Si on récapitule, la boîte numéro 1 commence à la ligne de grille numéro 1 et elle se termine à la ligne de grille numéro 3.
Si nous voulions que la boîte numéro 1 occupe toute la largeur de la première ligne, alors nous donnerions la valeur 4 à la propriété ***grid-column-end***. Comme ceci

```
.un {
	background-color: #fcf;
```

```
        grid-column-start: 1;
        grid-column-end: 4;
}
```

Voici le résultat obtenu dans un navigateur

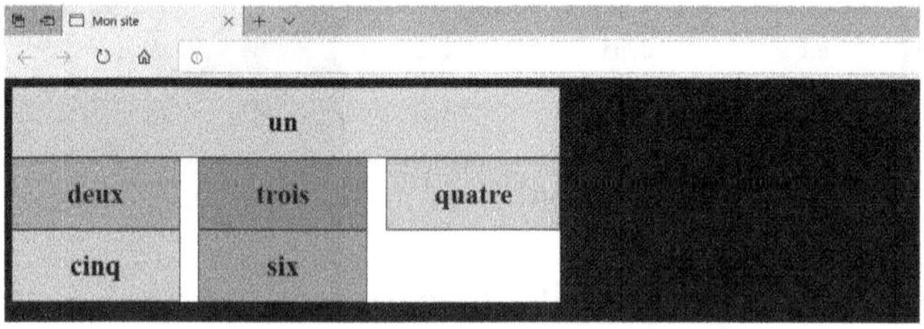

Figure 3-4 : La boîte numéro 1 occupe toute la 1ère ligne

Grâce aux propriétés ***grid-column-start*** et ***grid-column-end***, nous pouvons positionner n'importe quelle boîte où on veut sur la grille. Par exemple, nous allons demander que la boîte numéro 3 occupe les 2 dernières colonnes. Nous allons alors ajouter les nouvelles propriétés CSS à la boîte numéro 3.

```
.trois {
        background-color: #f6f;
        grid-column-start: 2;
        grid-column-end: 4;
}
```

Voici le résultat obtenu dans un navigateur

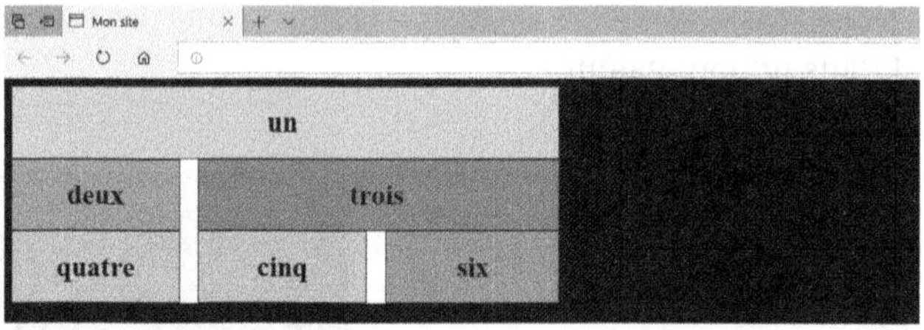

Figure 3-5 : La boîte numéro 3 occupe les 2 dernières colonnes

3.2. Les lignes de grille horizontale

Ce que nous avons vu précédemment concernant les lignes de grille liées aux colonnes, nous pouvons l'appliquer de la même façon pour les lignes de grille liées aux lignes. Nous utiliserons alors les deux propriétés CSS suivantes, ***grid-row-start*** et ***grid-row-end*** en nous servant des lignes de grille horizontale.

Figure 3-6 : Lignes de grille horizontale

La figure 3-6 nous montre qu'il y a 3 lignes et donc 4 lignes de grille.

Nous conservons le même code source HTML et nous reprenons le code CSS suivant

```
body {
        background-color: #000;
}
#grille {
        display: grid;
        grid-template-columns: repeat(3,1fr);
        grid-gap: 20px;
        background-color: #fff;
        width: 600px;
}
.un {
        background-color: #fcf;
        grid-column-start: 1;
        grid-column-end: 4;
}
.deux {
        background-color: #f9f;
}
```

```
.trois {
        background-color: #f6f;
        grid-column-start: 2;
        grid-column-end: 4;
}
.quatre {
        background-color: #fc9;
}
.cinq {
        background-color: #fc6;
}
.six {
        background-color: #f96;
}
.flexbox {
        display: flex;
        justify-content: center;
        padding: 20px;
        font-size: 30px;
        font-weight: bold;
        border: 1px solid #333;
}
```

Nous obtenons le résultat suivant

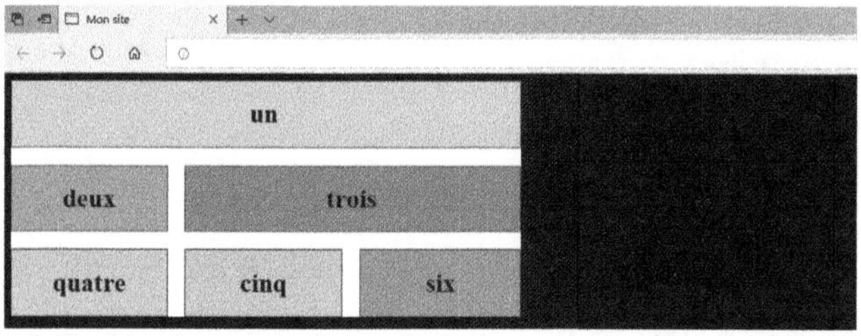

Figure 3-7 : Identique à la figure 3-5 plus une gouttière entre les lignes

Nous voulons à présent que la boîte numéro 2 occupe les deux dernières lignes. Nous allons pour cela utiliser la propriété CSS ***grid-row-start*** à qui nous allons donner la valeur 2 et la propriété ***grid-row-end*** à qui nous allons donner la valeur 4. Nous appliquerons ces propriétés aux propriétés CSS de la boîte numéro 2.

Voici le code CSS pour la boîte numéro 2

```
.deux {
        background-color: #f9f;
        grid-row-start: 2;
        grid-row-end: 4;
}
```

Ceci nous donnera le résultat suivant dans un navigateur

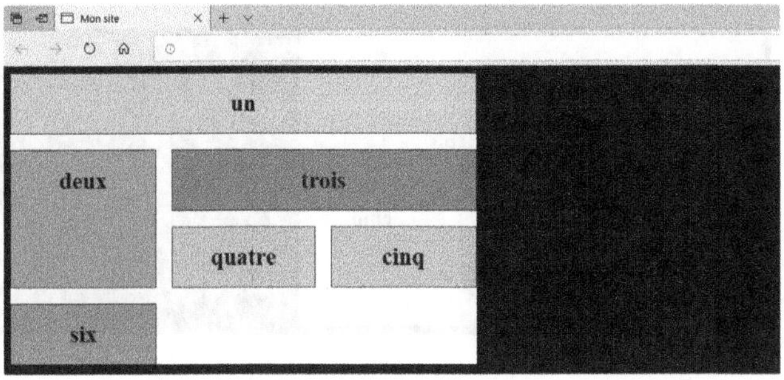

Figure 3-8 : La boîte numéro 2 occupe 2 lignes

3.3. Le mot-clé *span*

Il existe une autre façon de gérer la largeur ou la hauteur d'un contenu en utilisant le mot-clé ***span***. On lui associe une valeur, cette valeur sera le nombre de colonnes ou de lignes que devra alors occuper la boîte.
Si nous reprenons exactement le même code CSS que précédemment afin d'obtenir le résultat de la figure 3-8, au niveau des propriétés CSS de la boîte numéro 3 nous avions ceci

```
.trois {
        background-color: #f6f;
        grid-column-start: 2;
        grid-column-end: 4;
}
```

Cela signifie que la boîte numéro 3 débute à la ligne de grille verticale numéro 2 et s'arrête à la ligne de grille verticale numéro 4. En donnant pour valeur le mot-clé ***span*** à la propriété ***grid-column-end***, nous allons donner le nombre de colonnes que va alors occuper la boîte numéro 3. Ce nombre de colonnes est 2. Voici le nouveau code CSS pour la boîte numéro 3 qui nous donnera exactement le même résultat que précédemment.

```
.trois {
        background-color: #f6f;
        grid-column-start: 2;
        grid-column-end: span 2;
}
```

Voici le résultat

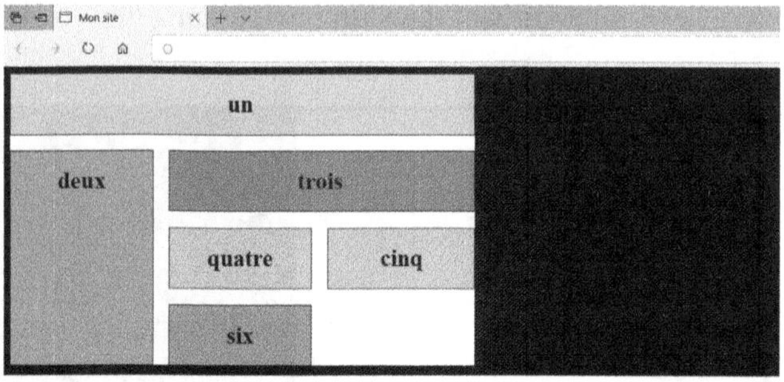

Figure 3-9 : Le résultat est identique à la figure 3-8

Sur le même principe, nous souhaitons que la boîte numéro 2 occupe trois hauteurs de ligne, nous allons alors modifier son code CSS en utilisant le mot-clé ***span***, comme ceci

```
.deux {
        background-color: #f9f;
        grid-row-start: 2;
        grid-row-end: span 3;
}
```

Voici le résultat de ce nouveau code dans un navigateur

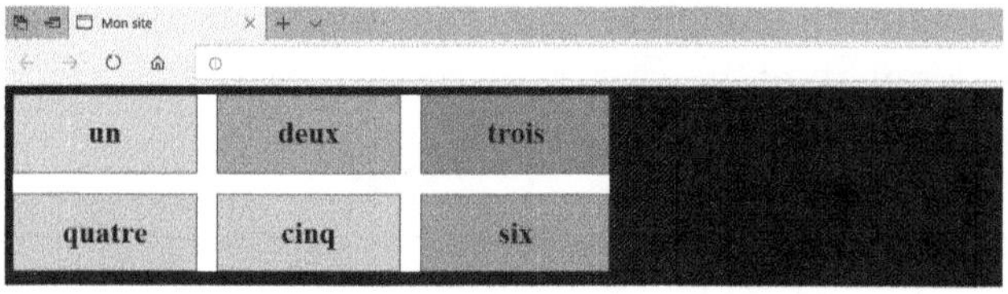

Figure 3-10 : La boîte 2 occupe 3 lignes

Les autres boîtes se rangent automatiquement sur les espaces suivants.

3.4. Propriétés raccourcies

Il existe une propriété CSS qui permet de réunir les propriétés ***grid-column-start*** et ***grid-column-end***, cette propriété se nomme ***grid-column***. Elle s'utilisera de la même façon que les deux autres et elle prendra pour valeurs le numéro de la ligne de grille de départ et le numéro de la ligne de grille d'arrivée. Ou alors elle prendra pour valeurs le numéro de la ligne de grille de départ et le nombre de colonnes qu'elle devra occuper.
Reprenons notre code HTML

```
<div id="grille">
	<div class="un flexbox">un</div>
	<div class="deux flexbox">deux</div>
	<div class="trois flexbox">trois</div>
	<div class="quatre flexbox">quatre</div>
	<div class="cinq flexbox">cinq</div>
	<div class="six flexbox">six</div>
</div>
```

Mettons en place une grille de trois colonnes et deux lignes séparées par une gouttière de 20 pixels.

```
body {
	background-color: #000;
}
#grille {
	display: grid;
	grid-template-columns: repeat(3,1fr);
	grid-gap: 20px;
	background-color: #fff;
	width: 600px;
}
.un {
	background-color: #fcf;
}
.deux {
	background-color: #f9f;
}
.trois {
	background-color: #f6f;
}
```

```
.quatre {
        background-color: #fc9;
}
.cinq {
        background-color: #fc6;
}
.six {
        background-color: #f96;
}
.flexbox {
        display: flex;
        justify-content: center;
        padding: 20px;
        font-size: 30px;
        font-weight: bold;
        border: 1px solid #333;
}
```

Le résultat de ce code sera le suivant

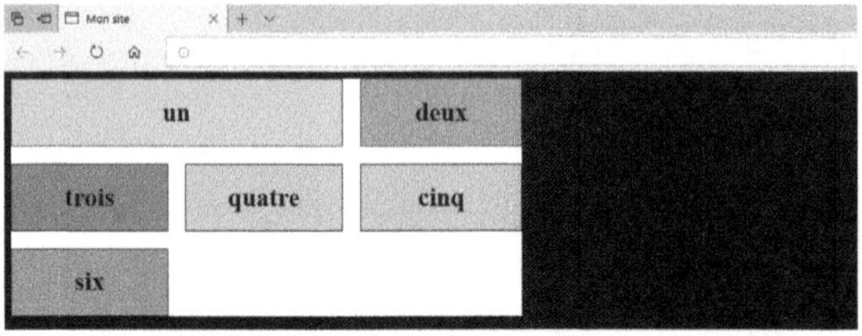

Figure 3-11 : Une grille de 3 colonnes et 2 lignes

Nous allons ici demander que la boîte numéro 1 occupe les 2 premières colonnes. Nous allons pour cela utiliser la propriété CSS raccourcie ***grid-column***.
Voici le code CSS pour la boîte numéro 1 pour obtenir le résultat souhaité.

```
.un {
        background-color: #fcf;
        grid-column: 1 / span 2;
}
```

La première valeur correspond à la première ligne de grille verticale, la seconde valeur correspond à la largeur que l'on a souhaité donner à la boîte numéro 1. Il est à préciser que nous devons utiliser un ***slash*** pour séparer ces deux valeurs.

Voici le résultat de ce code dans un navigateur

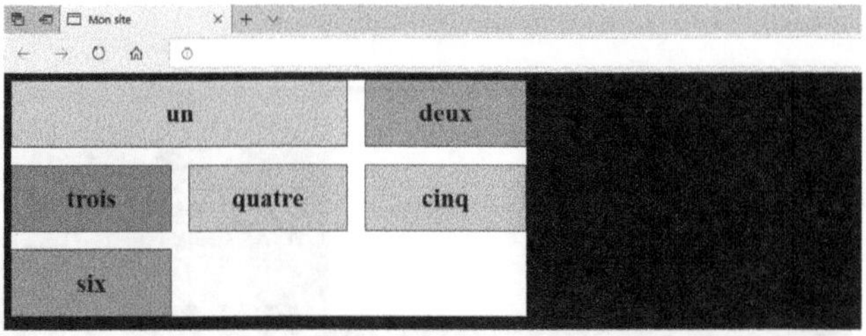

Figure 3-12 : Une seule propriété pour définir le positionnement de la boîte 1

A la place du mot-clé ***span***, nous aurions pu utiliser le numéro de la grille verticale de fin.

```
.un {
        background-color: #fcf;
        grid-column: 1 / 3;
}
```

Le résultat sera identique au résultat obtenu à la figure 3-12. Il est à préciser que là aussi, les deux valeurs seront à séparer par un ***slash***.

Ce qui est vrai pour les colonnes et également vrai pour les lignes. Nous pouvons donc utiliser une propriété CSS qui permet de réunir les propriétés ***grid-row-start*** et ***grid-row-end***, cette propriété se nomme ***grid-row***. Elle s'utilisera de la même façon que les deux autres et elle prendra pour valeurs le numéro de la ligne de grille de départ et le numéro de la ligne de grille d'arrivée. Ou alors elle prendra pour valeurs le numéro de la ligne de grille de départ et le nombre de lignes qu'elle devra occuper.
En reprenant le même code que précédemment, nous allons demander que la boîte numéro 3 occupe deux hauteurs de ligne.
Voici le code CSS pour la boîte numéro 2

```
.trois {
        background-color: #f6f;
        grid-row: 2 / 4;
}
```

Nous aurions également pu écrire le code suivant en utilisant le mot-clé ***span***

```
.trois {
        background-color: #f6f;
        grid-row: 2 / span 2;
}
```

Le résultat sera identique

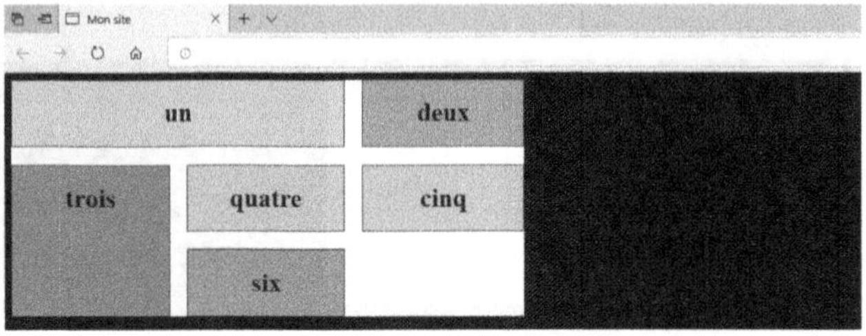

Figure 3-13 : Une seule propriété pour définir le positionnement de la boîte 3

Chapitre 4

Autres propriétés

4.1. Changer le sens d'affichage

Nous allons voir ici qu'il est possible de changer très facilement l'ordre d'affichage des différentes boîtes.
Nous allons reprendre le même code HTML que nous utilisons depuis le début.

```
<div id="grille">
	<div class="un flexbox">un</div>
	<div class="deux flexbox">deux</div>
	<div class="trois flexbox">trois</div>
	<div class="quatre flexbox">quatre</div>
	<div class="cinq flexbox">cinq</div>
	<div class="six flexbox">six</div>
</div>
```

Au niveau CSS, nous allons demander à afficher nos différentes boîtes ***div*** sur trois colonnes séparées par une gouttière de 20 pixels.

```
body {
	background-color: #000;
}
#grille {
	display: grid;
	grid-template-columns: repeat(3,1fr);
	grid-column-gap: 20px;
	background-color: #fff;
	width: 600px;
}
.un {
	background-color: #fcf;
}
.deux {
	background-color: #f9f;
}
.trois {
```

```
        background-color: #f6f;
}
.quatre {
        background-color: #fc9;
}
.cinq {
        background-color: #fc6;
}
.six {
        background-color: #f96;
}
.flexbox {
        display: flex;
        justify-content: center;
        padding: 20px;
        font-size: 30px;
        font-weight: bold;
        border: 1px solid #333;
}
```

Voici le résultat obtenu dans un navigateur

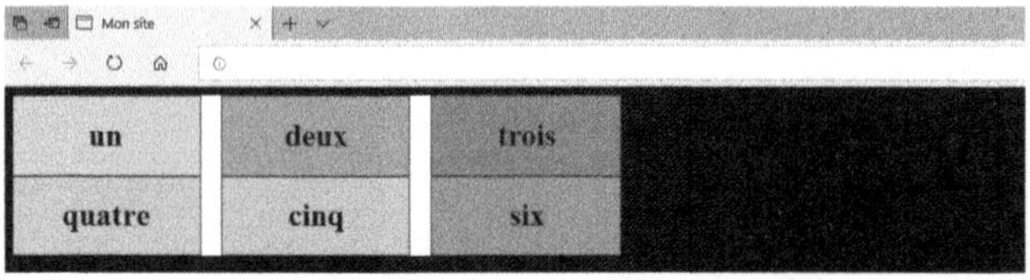

Figure 4-1 : Les 6 boîtes sont alignées sur 3 colonnes

On remarque que le sens de disposition des différentes boîtes se fait de gauche à droite et de haut en bas, comme le sens de lecture. Nous avons la possibilité de modifier ce sens. Au lieu que les boîtes soient affichées de gauche à droite et de haut en bas, nous pouvons les afficher de haut en bas et de gauche à droite. Pour cela nous allons utiliser la propriété ***grid-auto-flow***. Cette propriété a pour valeur par défaut la valeur ***row***. ***Row*** signifie ligne en français. Cela se traduit bien par un affichage en ligne. Si nous souhaitions un affichage en colonne, nous devrions alors donner la valeur ***column***. Cependant attention, pour que cela fonctionne nous devons également placer la propriété ***grid-template-rows***.

Nous allons modifier le sens d'affichage de nos boîtes ***div***. La propriété ***grid-auto-flow*** sera à utiliser au sein des propriétés du conteneur.

Voici le nouveau code CSS du conteneur

```
#grille {
        display: grid;
        grid-template-columns: repeat(3,1fr);
        grid-template-rows: repeat(2,1fr);
        grid-auto-flow: column;
        grid-column-gap: 20px;
        background-color: #fff;
        width: 600px;
}
```

Voici le résultat obtenu dans un navigateur

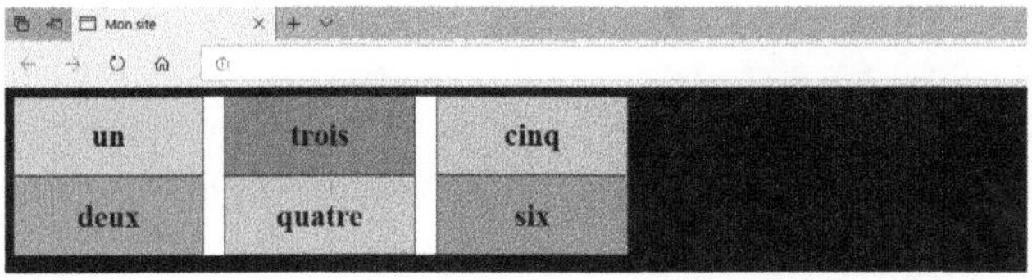

Figure 4-2 : Ordre d'affichage des boîtes en colonne

Cette fois les différentes boîtes ***div*** sont affichées de haut en bas et de gauche à droite.

4.2. Créer une colonne virtuelle

En cas de besoin, il est possible de créer une nouvelle colonne même si celle-ci n'a pas été déclarée au préalable dans la propriété ***grid-template-columns***.
Afin de comprendre le fonctionnement de cet effet, nous allons reprendre le même code HTML que celui que nous utilisons depuis le début de ce livre. Au niveau CSS, nous allons demander à afficher les six boîtes sur trois colonnes de 1fr chacune. Le conteneur fera 600 pixels de large.

```
body {
        background-color: #000;
}
#grille {
        display: grid;
        grid-template-columns: repeat(3,1fr);
        background-color: #fff;
        width: 600px;
}
```

```
.un {
        background-color: #fcf;
}
.deux {
        background-color: #f9f;
}
.trois {
        background-color: #f6f;
}
.quatre {
        background-color: #fc9;
}
.cinq {
        background-color: #fc6;
}
.six {
        background-color: #f96;
}
.flexbox {
        display: flex;
        justify-content: center;
        padding: 20px;
        font-size: 30px;
        font-weight: bold;
        border: 1px solid #333;
}
```

Voici le résultat obtenu dans un navigateur

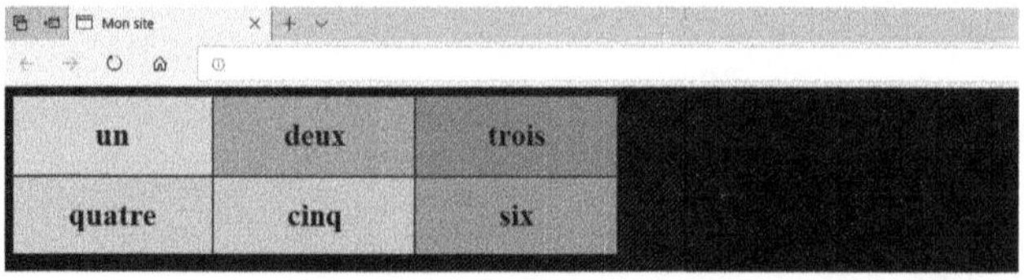

Figure 4-3 : 6 boîtes alignées sur 3 colonnes

La boîte numéro 3 occupe 1 largeur de colonne, comme les cinq autres boîtes. Maintenant nous souhaiterions que la boîte numéro 3 occupe 2 largeurs de colonne mais sans modifier l'emplacement des autres boîtes. C'est-à-dire que l'on rajouterait

une nouvelle colonne spécialement pour la boîte numéro 3.
Pour réaliser cela, il nous suffit d'aller dans les propriétés CSS de la boîte numéro 3 et d'ajouter la propriété ***grid-column*** comme nous l'avons déjà vu. Les valeurs de la propriété ***grid-column*** pourraient être 3 pour désigner la ligne de grille de départ et ***span 2*** pour indiquer le nombre de colonnes que devra occuper la boîte numéro 3.

```
.trois {
        background-color: #f6f;
        grid-column: 3 / span 2;
}
```

Voici le résultat obtenu dans un navigateur

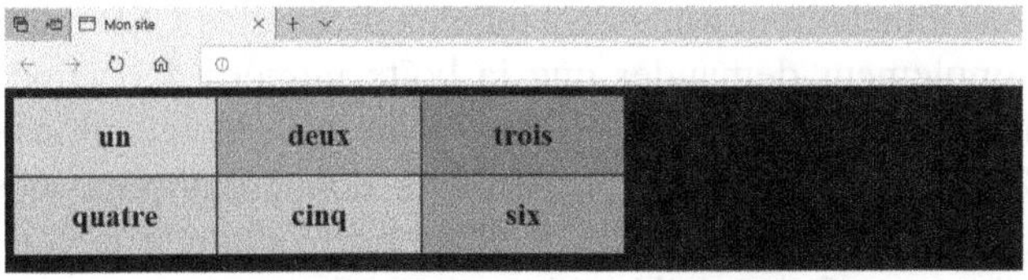

Figure 4-4 : On rajoute la propriété grid-column à la boîte numéro 3

On s'aperçoit que cela n'a strictement rien changé. La boîte numéro 3 occupe toujours 1 seule largeur de colonne et non 2 comme souhaité. Le résultat obtenu est normal car on a demandé à débuter la boîte numéro 3 à la troisième ligne de grille puis de l'étendre sur 2 colonnes. Or après la troisième ligne de grille il n'y a qu'une seule colonne. Pour que cela fonctionne, nous devons alors créer une colonne virtuelle. Pour cela nous devons utiliser une nouvelle propriété CSS au sein des propriétés du conteneur. Cette nouvelle propriété se nomme ***grid-auto-columns***. Elle prendra pour valeur une largeur de colonne, celle que l'on souhaite. Par exemple, on pourrait demander que la nouvelle colonne virtuelle fasse 100 pixels de large. Voici le nouveau code CSS du conteneur

```
#grille {
        display: grid;
        grid-template-columns: repeat(3,1fr);
        grid-auto-columns: 100px;
        background-color: #fff;
        width: 600px;
}
```

Voici le résultat obtenu dans un navigateur

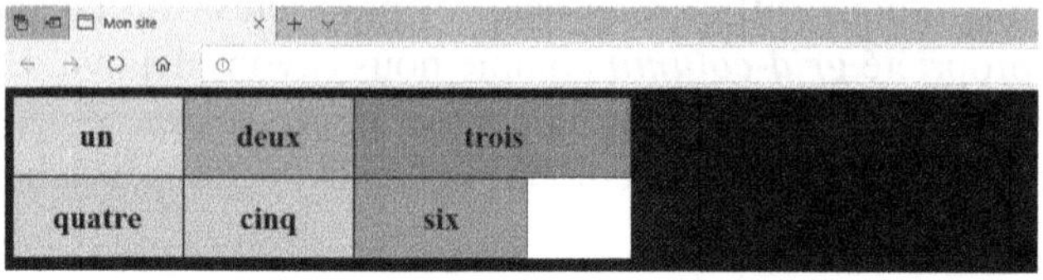

Figure 4-5 : La boîte numéro 3 occupe 2 colonnes

4.3. Créer une ligne virtuelle

Si nous sommes capables de créer des colonnes virtuelles alors nous sommes capables de créer des lignes virtuelles. C'est ce que nous allons voir ici.
Nous conservons exactement toutes les mêmes propriétés CSS que précédemment. Nous allons simplement demander que la boîte numéro 4 occupe 2 lignes. Pour cela nous allons utiliser la propriété ***grid-row*** que nous allons appliquer aux propriétés CSS de la boîte numéro 4. Nous lui donnerons pour valeur le chiffre ***2*** car il correspond à la deuxième ligne de grille horizontale et la valeur ***span 2*** pour lui demander d'occuper 2 lignes. Voici le code CSS

```
.quatre {
        background-color: #f9f;
        grid-row: 2 / span 2;
}
```

Comme nous l'avons fait avec les colonnes virtuelles, nous allons ajouter la propriété ***grid-auto-rows*** au conteneur, afin de pouvoir autoriser la création de lignes virtuelles. Nous lui donnerons pour valeur la hauteur que nous souhaitons donner aux lignes de grille virtuelles, par exemple 50 pixels.

```
#grille {
        display: grid;
        grid-template-columns: repeat(3,1fr);
        grid-auto-columns: 100px;
        grid-auto-rows: 50px;
        background-color: #fff;
        width: 600px;
}
```

Voici le résultat obtenu dans un navigateur

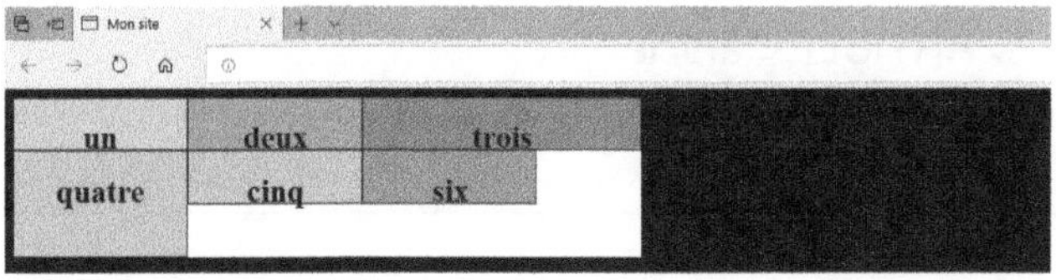

Figure 4-6 : La boîte numéro 4 occupe 2 lignes

4.4. Application aux balises HTML5

Nous allons voir ici une application de ce que nous avons appris jusqu'à présent. Nous allons aborder la mise en page d'un site web. Vous allez voir toute la puissance de la technologie ***grid***.
Nous allons réaliser la mise en page d'un site web simple et classique. Nous allons placer un ***header*** en haut de la page, un ***footer*** en bas de la page et entre ces deux zones, nous allons positionner une barre de navigation à côté d'une zone d'article. Voilà ci-dessous le résultat que nous souhaitons obtenir.

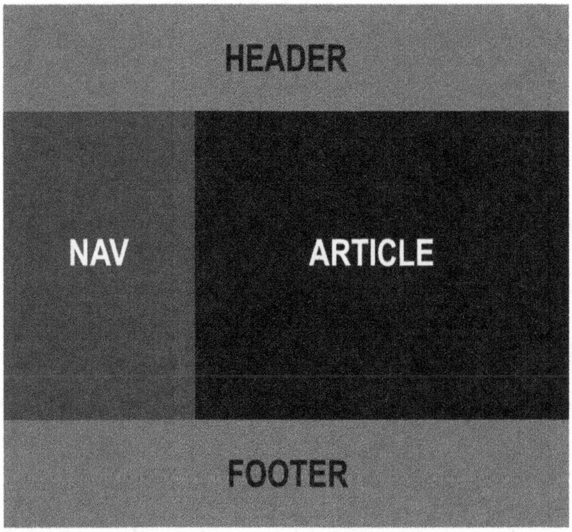

Figure 4-7 : Résultat souhaité

Au niveau HTML, nous allons mettre en place les balises structurantes du HTML 5 que nous enfermerons dans une boîte à laquelle nous donnerons l'identifiant ***grille*** afin d'en faire un conteneur. C'est à ce conteneur que nous donnerons la technologie ***grid*** qui va nous permettre de mettre en page notre site internet.
Voici le code HTML :

```
<div id="grille">
	<header>HEADER</header>
```

```
        <nav>NAV</nav>
        <article>ARTICLE</article>
        <footer>FOOTER</footer>
</div>
```

Maintenant que les balises structurantes du HTML 5 sont en place, nous allons leur donner une couleur de fond afin de bien pouvoir les distinguer sur une page web. Pour cela nous créons une feuille de style externe que nous relions à notre document HTML comme on peut le faire habituellement en utilisant la balise ***link*** qui permet d'inclure des styles CSS à une page web. La balise se place au niveau des balises ***meta***. Voici le document HTML complet.

```
<!doctype html>
<html>
<head>
<meta charset="utf-8">
<title>Mon site</title>
<link rel="stylesheet" href="style.css" />
</head>

<body>
<div id="grille">
        <header>HEADER</header>
        <nav>NAV</nav>
        <article>ARTICLE</article>
        <footer>FOOTER</footer>
</div>
</body>
</html>
```

Ici, la feuille de style que nous avons nommée ***style.css*** a été placée au même niveau que notre fichier HTML. Passons à présent à la feuille de style et donnons une couleur de fond à chaque balise structurante du HTML 5 afin de bien pouvoir les distinguer sur l'écran d'un navigateur web. Nous en profiterons également pour neutraliser les marges par défaut du navigateur en plaçant les propriétés ***margin*** et ***padding*** à 0 pour le ***body***.

```
body {
        margin: 0;
        padding:0;
```

```
}
header {
        background-color: #6f0;
}
nav {
        background-color: #993;
}
article {
        background-color: #c93;
}
footer {
        background-color: #f90;
}
```

Voici le résultat de ce code dans un navigateur web

Figure 4-8 : Une couleur de fond aux balises structurantes du HTML 5

Nous pouvons constater que les balises structurantes du HTML 5 se comportent comme les boîtes ***div***, à savoir qu'elles ont un comportement de type ***bloc*** par défaut.

Afin que le rendu de nos boîtes soit plus agréable, nous allons ajouter une classe ***flexbox*** à notre feuille de style. La même classe ***flexbox*** dont on s'est servi précédemment.

```
.flexbox {
        display: flex;
        justify-content: center;
        padding: 20px;
        font-size: 30px;
        font-weight: bold;
        border: 1px solid #333;
}
```

Nous allons donc ajouter une classe ***flexbox*** à nos balises structurantes.

```
<div id="grille">
        <header class="flexbox">HEADER</header>
```

```
        <nav class="flexbox">NAV</nav>
        <article class="flexbox">ARTICLE</article>
        <footer class="flexbox">FOOTER</footer>
</div>
```

Voici le résultat dans un navigateur.

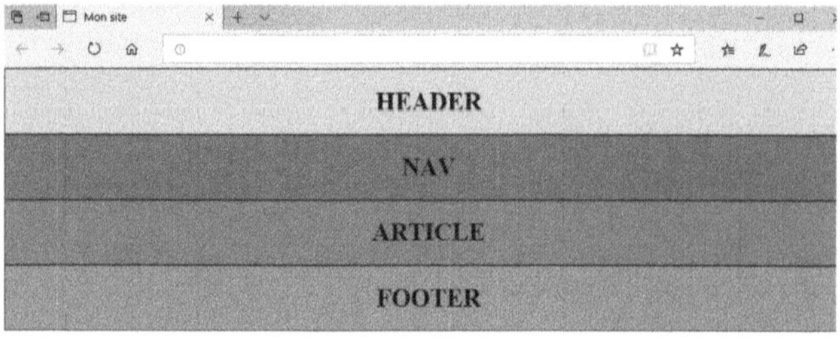

Figure 4-9 : Ajout de la classe flexbox

Nous allons à présent nous servir de la technologie ***grid*** pour mettre en forme notre site web. Pour cela nous allons écrire les propriétés CSS de l'identifiant ***grille***. Ce que l'on veut, c'est obtenir un site avec deux colonnes. Nous en profiterons pour donner une largeur de 600 pixels et une hauteur de 400 pixels à l'identifiant ***grille***. Nous centrerons également notre site à l'écran.
Voici le code CSS de l'identifiant ***grille***.

```
#grille {
        display: grid;
        grid-template-columns: 1fr 2fr;
        width: 600px;
        height: 400px;
        margin: auto;
}
```

Voici le résultat obtenu dans un navigateur

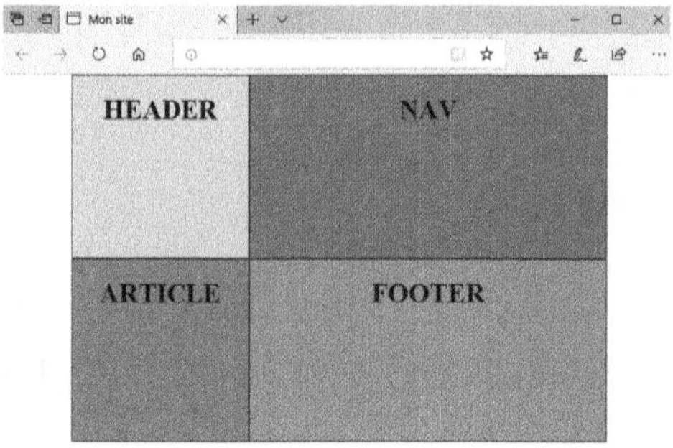

Figure 4-10 : Mise en page sur 2 colonnes

Nous obtenons bien un site mis en page sur deux colonnes. Cependant, ce n'est pas tout à fait le résultat que nous souhaitons obtenir. En effet, nous voulons uniquement la ***nav*** et l'***article*** sur deux colonnes, pas le ***header*** ni le ***footer***. Pour résoudre ce problème, nous connaissons la propriété ***grid-column*** qui va nous permettre de pouvoir positionner un élément en lui donnant sa ligne de grille de départ ainsi que le nombre de colonnes qu'elle devra occuper. Nous allons donc ajouter cette propriété CSS au ***header*** ainsi qu'au ***footer***.

```
header {
        background-color: #6f0;
        grid-column: 1 / span 2;
}
footer {
        background-color: #6f0;
        grid-column: 1 / span 2;
}
```

Voici le résultat obtenu dans un navigateur

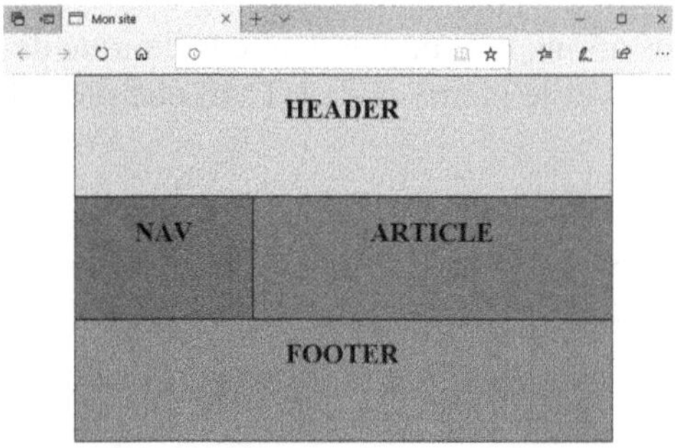

Figure 4-11 : Obtention de la mise en page du site souhaité

Et si nous voulons gérer la hauteur des lignes de nos différentes boîtes, il nous suffit de l'indiquer dans les propriétés CSS du conteneur, comme nous l'avons appris.

```
#grille {
        display: grid;
        grid-template-columns: 1fr 2fr;
        grid-template-rows: 1fr 4fr 1fr;
        width: 600px;
        height: 400px;
        margin: auto;
}
```

Voici le résultat obtenu dans un navigateur

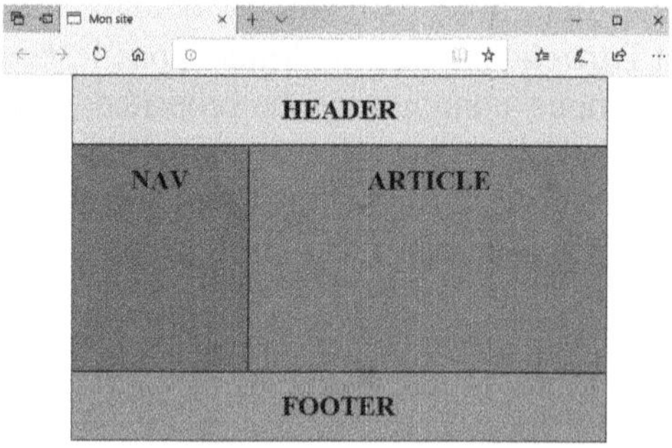

Figure 4-12 : Gestion des hauteurs de ligne

Nous venons de faire une petite révision de ce que nous avons appris jusqu'à présent concernant la technologie ***grid***. Il existe une autre façon d'aborder la mise en page d'un site web toujours en utilisant la technologie ***grid***. La voici.

4.5. Définition des zones

Comme convenu, nous allons voir une nouvelle technique de mise en page d'un site web. Nous allons conserver le même code HTML que précédemment.

```
<div id="grille">
        <header class="flexbox">HEADER</header>
        <nav class="flexbox">NAV</nav>
        <article class="flexbox">ARTICLE</article>
        <footer class="flexbox">FOOTER</footer>
</div>
```

Concernant le résultat final voulu, ce sera exactement la même mise en page que précédemment. A savoir, le ***header*** sur une ligne, la ***nav*** et l'***article*** sur une deuxième ligne et enfin le ***footer*** sur une troisième ligne.
Nous allons reprendre le même code CSS que précédemment, mais nous retirons les propriétés ***grid-column*** du ***header*** et du ***footer***.

```
body {
        margin: 0;
        padding:0;
}
#grille {
        display: grid;
        grid-template-columns: 1fr 2fr;
```

```
        grid-template-rows: 1fr 4fr 1fr;
        width: 600px;
        height: 400px;
        margin: auto;
}
header {
        background-color: #6f0;
}
nav {
        background-color: #993;
}
article {
        background-color: #c93;
}
footer {
        background-color: #f90;
}
.flexbox {
        display: flex;
        justify-content: center;
        padding: 20px;
        font-size: 30px;
        font-weight: bold;
        border: 1px solid #333;
}
```

Cela va automatiquement remettre notre site sur deux colonnes.

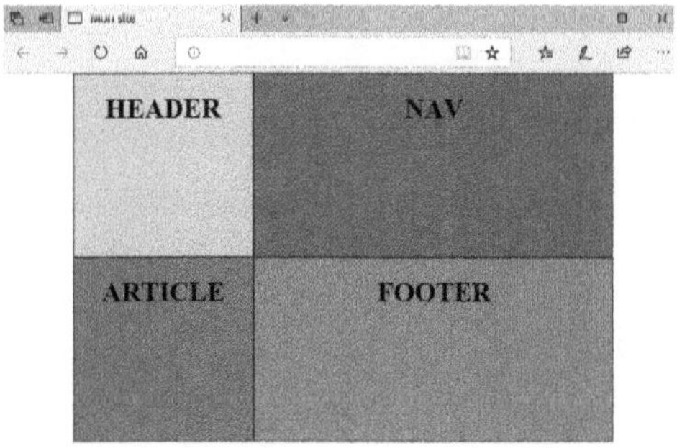

Figure 4-13 : Mise en page sur 2 colonnes

Afin de pouvoir mettre en page notre site web comme on le souhaite, nous allons définir des zones au niveau CSS. Pour cela nous allons utiliser une propriété qui se nomme ***grid-area***. Cette propriété va prendre pour valeur un nom, celui que l'on souhaite. Le but étant de nommer la zone.

Nous avons en tout quatre zones : la zone du ***header***, la zone de la ***nav***, la zone de l'***article*** et la zone du ***footer***. Dans notre feuille de style, nous allons donc donner un nom à ces zones. Pour des raisons de simplicité, nous leur donnerons le nom de leur élément HTML.

```
body {
        margin: 0;
        padding:0;
}
#grille {
        display: grid;
        grid-template-columns: 1fr 2fr;
        grid-template-rows: 1fr 4fr 1fr;
        width: 600px;
        height: 400px;
        margin: auto;
}
header {
        background-color: #6f0;
        grid-area: header;
}
nav {
        background-color: #993;
        grid-area: nav;
}
article {
        background-color: #c93;
        grid-area: article;
}
footer {
        background-color: #f90;
        grid-area: footer;
}
.flexbox {
        display: flex;
```

```
        justify-content: center;
        padding: 20px;
        font-size: 30px;
        font-weight: bold;
        border: 1px solid #333;
}
```

Maintenant que nous avons défini des zones en niveau CSS, nous allons utiliser la propriété ***grid-template-areas*** dans les propriétés CSS du conteneur. C'est maintenant que vous allez comprendre la puissance de ***grid***. En effet, la propriété ***grid-template-areas*** va nous permettre de positionner les zones que l'on a définies exactement comme on le souhaite.
Reprenons les propriétés CSS de notre conteneur.

```
#grille {
        display: grid;
        grid-template-columns: 1fr 2fr;
        grid-template-rows: 1fr 4fr 1fr;
        width: 600px;
        height: 400px;
        margin: auto;
}
```

Nous y avons défini deux colonnes. Une première colonne de 1fr de large et une deuxième colonne de 2fr de large.
Afin de positionner nos quatre zones, nous devons ajouter la propriété ***grid-template-areas***. Nous lui donnerons pour première valeur la zone ***header*** que nous répéterons deux fois, car cette zone devra occuper les deux colonnes sur la première ligne. Ce qui nous donne ceci :

```
grid-template-areas:
        "header header"
```

Nous lui donnerons ensuite pour deuxième valeur, la zone ***nav*** suivie de la zone ***article*** qui se retrouveront sur la deuxième ligne. Ce qui donne ceci :

```
grid-template-areas:
        "header header"
        "nav article"
```

Et enfin nous lui donnerons pour troisième valeur la zone ***footer*** que nous répéterons deux fois, car cette zone devra occuper les deux colonnes sur la troisième ligne. Ce qui nous donne ceci :

```
grid-template-areas:
        "header header"
        "nav article"
        "footer footer";
```

Voici notre code CSS complet :

```
body {
        margin: 0;
        padding:0;
}
#grille {
        display: grid;
        grid-template-columns: 1fr 2fr;
        grid-template-rows: 1fr 4fr 1fr;
        width: 600px;
        height: 400px;
        margin: auto;
        grid-template-areas:
                "header header"
                "nav article"
                "footer footer";
}
header {
        background-color: #6f0;
        grid-area: header;
}
nav {
        background-color: #993;
        grid-area: nav;
}
article {
        background-color: #c93;
        grid-area: article;
}
```

```
footer {
        background-color: #f90;
        grid-area: footer;
}
.flexbox {
        display: flex;
        justify-content: center;
        padding: 20px;
        font-size: 30px;
        font-weight: bold;
        border: 1px solid #333;
}
```

Et voici le résultat de ce code dans un navigateur :

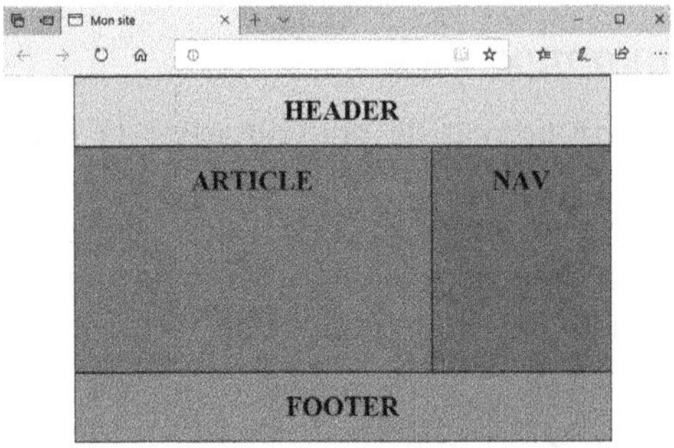

Figure 4-14 : Mise en page souhaitée

Il est très facile de pouvoir modifier la mise en page en cas de besoin. Nous pouvons très bien demander à inverser l'ordre d'apparition de la ***nav*** et de l'***article***. Pour cela il nous suffit de donner la valeur de 2 fr à la première colonne, puis d'inverser les zones ***nav*** et ***article*** dans les propriétés CSS de ***grid-template-areas***.

```
#grille {
        display: grid;
        grid-template-columns: 2fr 1fr;
        grid-template-rows: 1fr 4fr 1fr;
        width: 600px;
        height: 400px;
        margin: auto;
        grid-template-areas:
                "header header"
                "article nav"
```

```
		"footer footer";
}
```

Voici le résultat dans un navigateur :

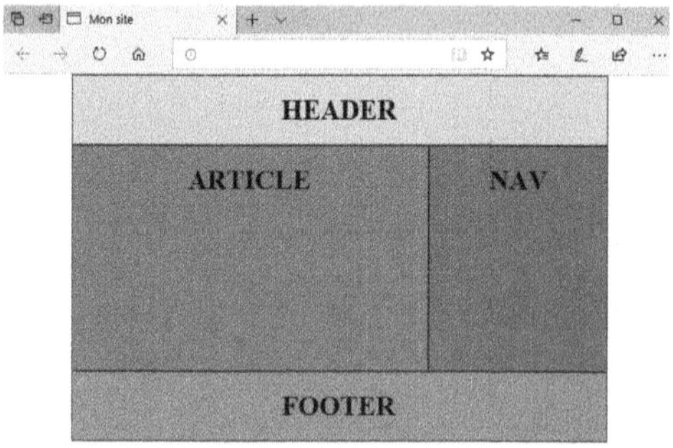

Figure 4-15 : Inversion de l'article et de la navigateur

4.6. La fonction *minmax*

La fonction CSS ***minmax*** permet de pouvoir gérer la hauteur de nos différentes boîtes.
Nous allons conserver les mêmes codes que précédemment, en modifiant simplement les valeurs de la propriété ***grid-template-rows*** en les passant en pixels. Nous retirerons la propriété ***height*** du conteneur.

```
#grille {
	display: grid;
	grid-template-columns: 2fr 1fr;
	grid-template-rows: 100px 200px 100px;
	width: 600px;
	margin: auto;
	grid-template-areas:
		"header header"
		"article nav"
		"footer footer";
}
```

Puis au niveau HTML, nous allons ajouter du texte au sein de l'article.

```
<div id="grille">
	<header class="flexbox">HEADER</header>
  <nav class="flexbox">NAV</nav>
  <article class="flexbox">
```

```
        Tantum autem cuique tribuendum, primum quantum ipse efficere possis, deinde etiam quantum ille quem diligas atque adiuves, sustinere. Non enim neque tu possis, quamvis excellas, omnes tuos ad honores amplissimos perducere, ut Scipio P. Rupilium potuit consulem efficere, fratrem eius L. non potuit. Quod si etiam possis quidvis deferre ad alterum, videndum est tamen, quid ille possit sustinere.
    </article>
    <footer class="flexbox">FOOTER</footer>
</div>
```

Voici le résultat de ce code dans un navigateur :

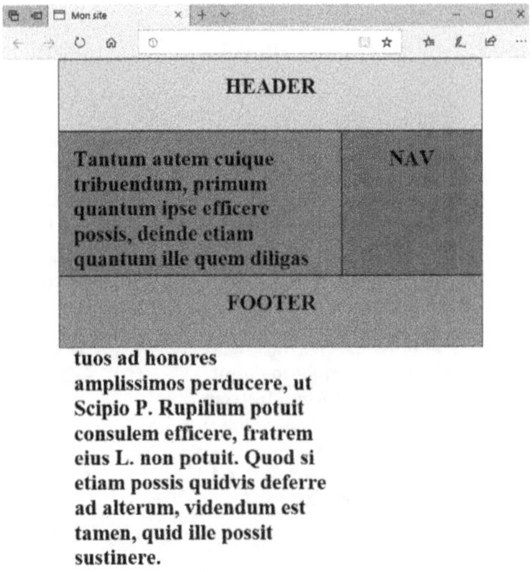

Figure 4-16 : Mise en place d'un texte dans la paire de balise article

Nous pouvons clairement voir que le texte dépasse de la zone article. Pourquoi cela ? La réponse vient du fait que la ligne où se trouve la zone article a été définie comme ayant une hauteur fixe de 200 pixels. Le texte que nous avons inséré dans cette zone est trop long et il sort donc de la zone. Pour résoudre ce problème, nous avons à notre disposition la fonction CSS ***minmax***. Elle sera à placer dans les valeurs de la propriété ***grid-template-rows***. Elle prendra pour arguments deux valeurs. La première valeur correspondra à la hauteur minimum que l'on souhaitera donner à la boîte et la seconde valeur correspondra à la valeur maximum que l'on souhaitera donner à la boîte.

```
#grille {
        display: grid;
        grid-template-columns: 2fr 1fr;
        grid-template-rows: 100px minmax(200px,auto) 100px;
        width: 600px;
```

```
        height: 400px;
        margin: auto;
        grid-template-areas:
                "header header"
                "article nav"
                "footer footer";
}
```

Voici le résultat de ce code dans un navigateur

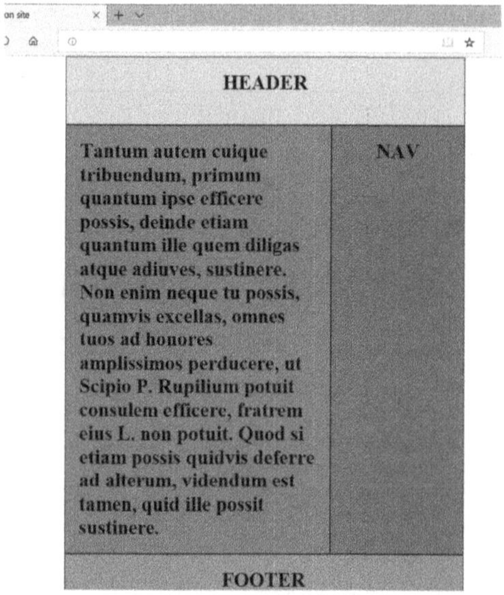

Figure 4-17 : Adaptation de l'article à son contenu

Grâce à la fonction ***minmax***, la hauteur de la deuxième ligne sera de 200 pixels minimum et elle s'adaptera automatiquement à son contenu afin que celui-ci ne se trouve pas au dehors de l'article.

4.7. La propriété *order*

Cette propriété va pouvoir nous permettre d'ordonner les différentes boîtes exactement comme on en a envie et ceci peu importe l'ordre dans lequel ont été écrites les balises HTML.
Pour commencer, nous allons créer quatre boîtes ***div*** que nous allons déclarer dans un fichier HTML que nous relions à une feuille de style.

```
<!doctype html>
<html>
```

```
<head>
<meta charset="utf-8">
<title>Mon site</title>
<link rel="stylesheet" href="style.css" />
</head>
<body>
<div id="grille">
	<div class="un flexbox">UN</div>
	<div class="deux flexbox">DEUX</div>
	<div class="trois flexbox">TROIS</div>
	<div class="quatre flexbox">QUATRE</div>
</div>
</body>
</html>
```

Les quatre boîtes ***div*** sont enfermées dans une boîte qui a pour identifiant ***grille***, ce sera le conteneur. Les quatre boîtes ***div*** possèdent une classe commune, la classe ***flexbox***. Voici le fichier ***style.css*** :

```
#grille {
	display: grid;
	grid-template-columns: repeat(2,200px);
	grid-template-rows: repeat(2,200px);
	width: 400px;
	margin: auto;
}
.un {
	background-color: #6f0;
}
.deux {
	background-color: #993;
}
.trois {
	background-color: #c93;
}
.quatre {
	background-color: #f90;
}
```

```
.flexbox {
        display: flex;
        justify-content: center;
        padding: 20px;
        font-size: 30px;
        font-weight: bold;
        border: 1px solid #333;
}
```

Voici le résultat de ce code dans un navigateur :

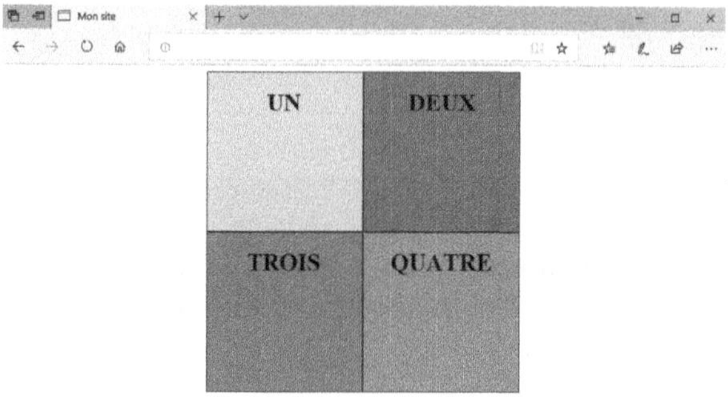

Figure 4-18 : Mise en place de 4 boîtes sur 2 colonnes

Le positionnement des quatre boîtes est cohérent avec notre code CSS. En effet, l'affichage se fait bien de gauche à droite et de haut en bas, comme nous l'avons déjà vu plus haut dans ce chapitre.
La propriété ***order*** va nous permettre de modifier ce positionnement. Cette propriété sera à placer dans les propriétés CSS des contenus. Elle prendra pour valeur un chiffre. Plus ce chiffre sera important et plus le positionnement de la boîte qui contient cette propriété sera éloigné. La valeur par défaut de propriété ***order*** est la valeur 0.
Si nous souhaitons positionner la boîte numéro 1 en dernier, nous devons alors lui donner la propriété ***order*** en lui donnant une valeur supérieure à 0.

```
.un {
        background-color: #6f0;
        order: 1;
}
```

Le fait d'avoir donné la valeur 1 à la propriété ***order*** de la boîte ***un*** placera automatiquement cette boîte en dernier. Par défaut, les boîtes ***deux***, ***trois*** et ***quatre*** ont la valeur 0 pour la propriété ***order***.

Voici le résultat de ce code dans un navigateur :

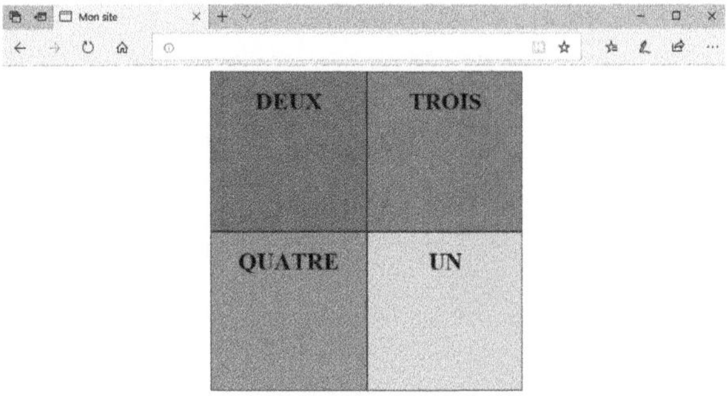

Figure 4-19 : La boîte un est à la fin

Si nous souhaitons placer la boîte ***quatre*** en premier, nous devons alors lui donner une propriété ***order*** d'une valeur plus petite que les autres. Je rappelle que par défaut, sa valeur est 0. Il est tout à fait possible de donner des valeurs négatives.

```
.quatre {
	background-color: #f90;
	order: -1;
}
```

Voici le résultat de ce code dans un navigateur :

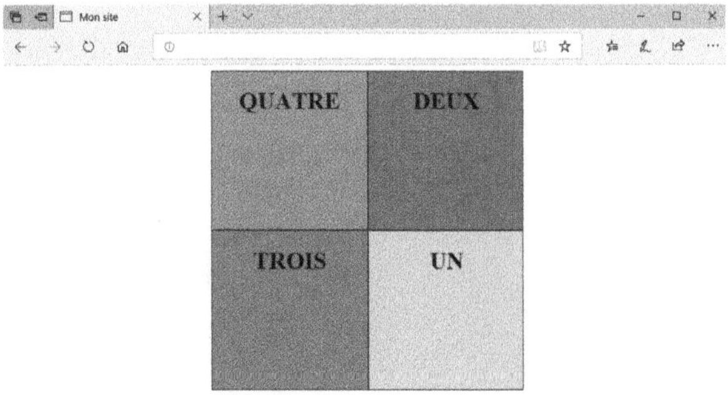

Figure 4-20 : La boîte quatre est au début

Grâce à la propriété ***order*** il est très facile de déplacer des boîtes sans avoir à toucher au code HTML. Plus le chiffre sera important et plus la boîte sera éloignée. Réciproquement, plus le chiffre sera petit et plus la boîte sera positionnée en avant.

Chapitre 5

Déplacement des contenus

5.1. Présentation

Il est tout à fait possible de pouvoir déplacer la grille ou bien des contenus suivant un axe horizontal ou bien un axe vertical. C'est ce que nous allons voir ensemble dans ce nouveau chapitre.

Tout d'abord, nous allons mettre en place un document HTML qui possédera un conteneur et quatre contenus. Nous donnerons une classe commune à nos contenus, la classe ***flexbox***, comme nous l'avions fait précédemment. Quant au conteneur, nous lui donnerons l'identifiant ***grille***.

```
<!doctype html>
<html>
<head>
<meta charset="utf-8">
<title>Mon site</title>
<link rel="stylesheet" href="style.css" />
</head>
<body>
<div id="grille">
	<div class="un flexbox">UN</div>
	<div class="deux flexbox">DEUX</div>
	<div class="trois flexbox">TROIS</div>
	<div class="quatre flexbox">QUATRE</div>
</div>
</body>
</html>
```

Au niveau CSS, nous allons demander que le conteneur fasse 75% de large sur 400 pixels de haut avec un fond blanc, qu'il soit centré sur l'écran et qu'il contienne une grille de deux colonnes. Nous donnerons également une hauteur de 100 pixels à ces lignes. Pour les contenus, nous leur donnerons une couleur afin de les distinguer et nous donnerons à la classe ***flexbox*** les mêmes propriétés que nous lui avons données précédemment. Enfin, nous demanderons à avoir une couleur de fond d'écran noire.

```
body {
	background-color: #000;
```

```
}
#grille {
        display: grid;
        grid-template-columns: repeat(2,200px);
        grid-template-rows: repeat(2,100px);
        background-color: #fff;
        width: 75%;
        height: 400px;
        margin: auto;
}
.un {
        background-color: #6f0;
}
.deux {
        background-color: #993;
}
.trois {
        background-color: #c93;
}
.quatre {
        background-color: #f90;
}
.flexbox {
        display: flex;
        justify-content: center;
        padding: 20px;
        font-size: 30px;
        font-weight: bold;
        border: 1px solid #333;
}
```

Voici le résultat de ce code dans un navigateur :

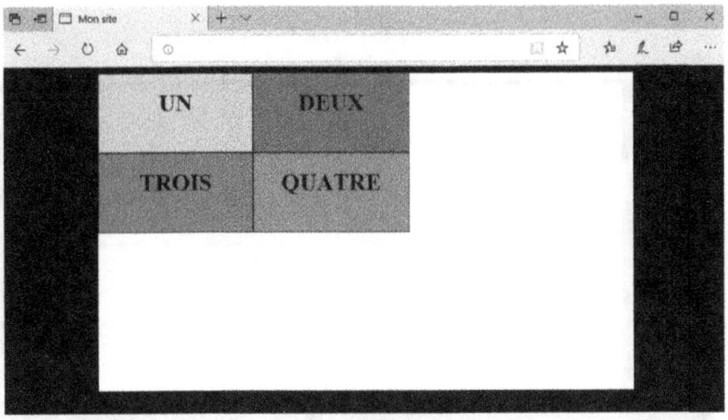

Figure 5-1 : Résultat de notre code

Maintenant que nous avons mis en place les bases de notre code CSS, nous allons voir comment il est possible de déplacer la grille ainsi que les différents contenus suivant un axe horizontal et suivant un axe vertical.

5.2. Alignement de la grille sur l'axe horizontal

Sur la *figure 5-1*, nous voyons que la grille débute sur le bord gauche du conteneur. Il s'agit d'un comportement par défaut. Cet alignement est accessible via la propriété CSS ***justify-content***. Cette propriété est à placer au sein des propriétés du conteneur. De ce fait, nous pouvons très facilement déplacer la grille le long de l'axe horizontal. La propriété ***justify-content*** prend différentes valeurs. Par défaut, elle prendra la valeur ***start***. Et si nous souhaitons positionner la grille le long du bord droit du conteneur, alors la propriété ***justify-content*** prendra la valeur ***end***.

```
#grille {
        display: grid;
        grid-template-columns: repeat(2,200px);
        grid-template-rows: repeat(2,100px);
        justify-content: end;
        background-color: #fff;
        width: 75%;
        height: 400px;
        margin: auto;
}
```

Voici le résultat dans un navigateur :

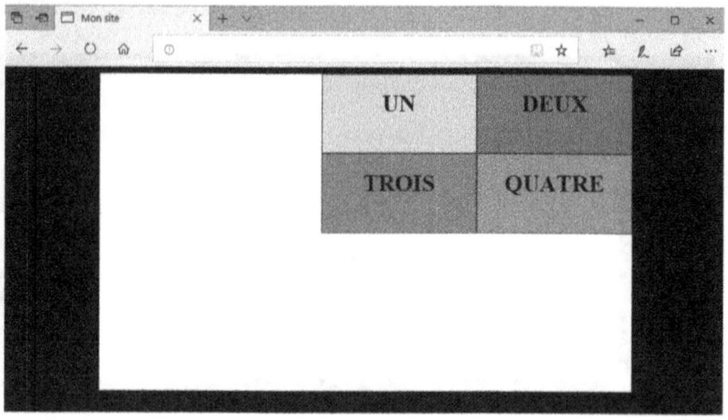

Figure 5-2 : Alignement de la grille le long du bord droit du conteneur

Pour centrer la grille suivant l'axe horizontal, la propriété ***justify-content*** prendra alors la valeur ***center***.

```
#grille {
        display: grid;
        grid-template-columns: repeat(2,200px);
        grid-template-rows: repeat(2,100px);
        justify-content: center;
        background-color: #fff;
        width: 75%;
        height: 400px;
        margin: auto;
}
```

Voici le résultat dans un navigateur :

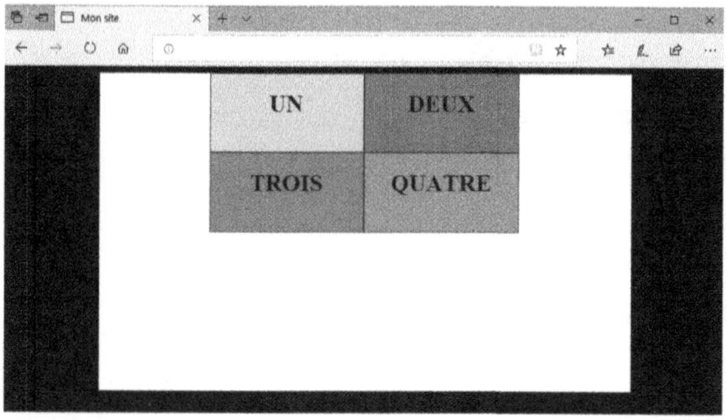

Figure 5-3 : Centrage de la grille selon l'axe horizontal

Toujours grâce à la propriété ***justify-content*** nous pouvons séparer les colonnes. En utilisant la valeur ***space-between***, nous faisons débuter la grille suivant le bord gauche du conteneur et nous la faisons se terminer le long de son bord droit.

```
#grille {
        display: grid;
        grid-template-columns: repeat(2,200px);
        grid-template-rows: repeat(2,100px);
        justify-content: space-between;
        background-color: #fff;
        width: 75%;
        height: 400px;
        margin: auto;
}
```

Voici le résultat dans un navigateur :

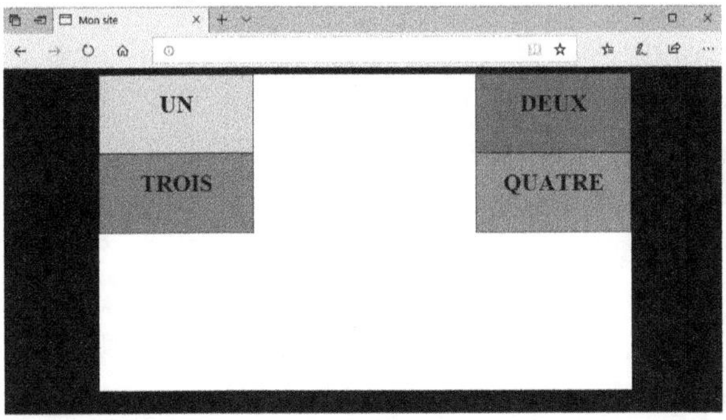

Figure 5-4 : Espacement en space-between

Et s'il devait y avoir d'autres colonnes alors elles seraient espacées de façon proportionnelle les unes des autres entre la première colonne et la dernière colonne.

```
#grille {
        display: grid;
        grid-template-columns: repeat(3,200px);
        grid-template-rows: repeat(2,100px);
        justify-content: space-between;
        background-color: #fff;
        width: 75%;
        height: 400px;
        margin: auto;
}
```

Voici le résultat dans un navigateur :

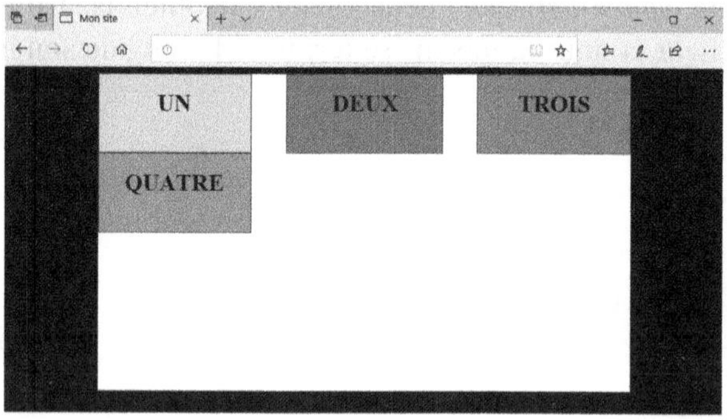

Figure 5-5 : Espacement en space-between avec 3 colonnes

Nous pouvons également aligner nos colonnes le long de l'axe horizontal en ***space-around***. Cela aura pour incidence d'éloigner les colonnes de chaque extrêmité de la moitié de la distance qu'il existe entre chaque colonne.

```
#grille {
        display: grid;
        grid-template-columns: repeat(3,200px);
        grid-template-rows: repeat(2,100px);
        justify-content: space-around;
        background-color: #fff;
        width: 75%;
        height: 400px;
        margin: auto;
}
```

Voici le résultat dans un navigateur :

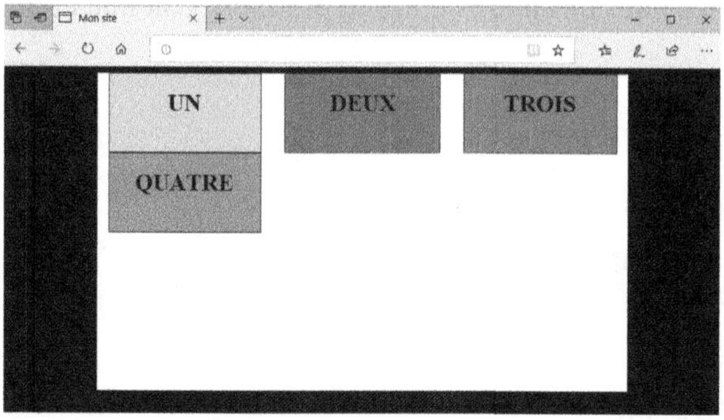

Figure 5-6 : Espacement en space-around

Et pour être tout à fait complet avec les espacements des contenus le long de l'axe horizontal, nous avons la valeur ***space-evenly*** qui donnera la même distance entre les bords et les contenus et entre les contenus eux-mêmes.

```
#grille {
        display: grid;
        grid-template-columns: repeat(3,200px);
        grid-template-rows: repeat(2,100px);
        justify-content: space-evenly;
        background-color: #fff;
        width: 75%;
        height: 400px;
        margin: auto;
}
```

Voici le résultat dans un navigateur :

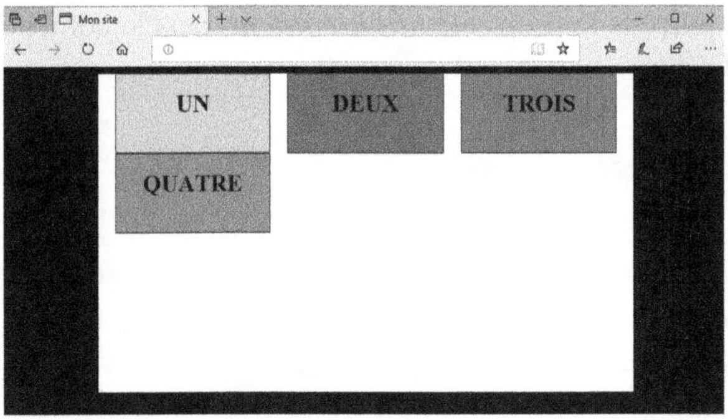

Figure 5-7 : Espacement en space-evenly

5.3. Alignement de la grille sur l'axe vertical

Nous venons de voir comment il est possible d'aligner la grille suivant l'axe horizontal, maintenant nous allons voir comment il est possible de l'aligner suivant l'axe vertical. Pour cela nous avons à notre disposition la propriété CSS ***align-content***. Cette propriété sera également à placer dans les propriétés CSS du conteneur. Par défaut elle a la valeur ***start***, c'est-à-dire qu'elle débute le long du bord haut du conteneur. Si nous voulons que la grille débute le long du bord bas du conteneur, alors nous devons donner la valeur ***end*** à la propriété ***align-content***.
Nous gardons le même code HTML que précédemment, à savoir

```
<!doctype html>
<html>
<head>
<meta charset="utf-8">
<title>Mon site</title>
```

```
<link rel="stylesheet" href="style.css" />
</head>
<body>
<div id="grille">
        <div class="un flexbox">UN</div>
        <div class="deux flexbox">DEUX</div>
        <div class="trois flexbox">TROIS</div>
        <div class="quatre flexbox">QUATRE</div>
</div>
</body>
</html>
```

Concernant le code CSS, nous reprenons le même code qu'au tout début de ce chapitre et nous plaçons la propriété ***align-content*** dans le conteneur en lui donnant pour valeur ***end***.

```
body {
        background-color: #000;
}
#grille {
        display: grid;
        grid-template-columns: repeat(2,200px);
        grid-template-rows: repeat(2,100px);
        align-content: end;
        background-color: #fff;
        width: 75%;
        height: 400px;
        margin: auto;
}
.un {
        background-color: #6f0;
}
.deux {
        background-color: #993;
}
.trois {
        background-color: #c93;
}
```

```
.quatre {
        background-color: #f90;
}
.flexbox {
        display: flex;
        justify-content: center;
        padding: 20px;
        font-size: 30px;
        font-weight: bold;
        border: 1px solid #333;
}
```

Voici le résultat dans un navigateur :

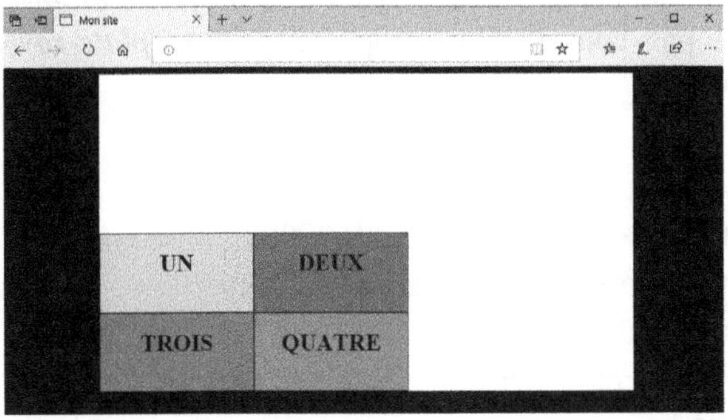

Figure 5-8 : Alignement vertical au bord bas du conteneur

Si nous voulons centrer la grille le long de l'axe vertical, nous allons alors donner la valeur ***center*** à la propriété ***align-content***.

```
#grille {
        display: grid;
        grid-template-columns: repeat(2,200px);
        grid-template-rows: repeat(2,100px);
        align-content: center;
        background-color: #fff;
        width: 75%;
        height: 400px;
        margin: auto;
}
```

Voici le résultat dans un navigateur :

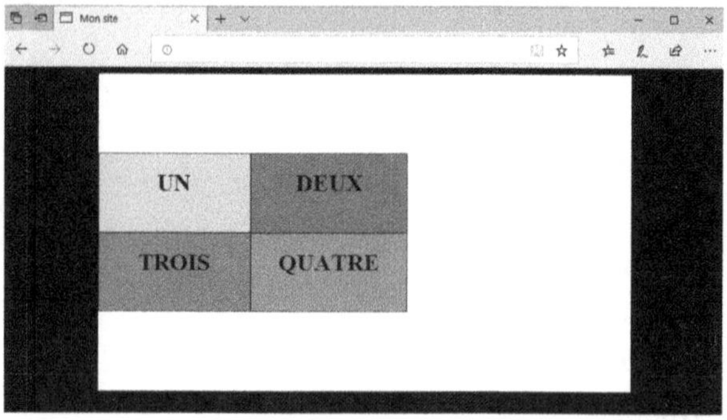

Figure 5-9 : Alignement vertical centré

Si nous souhaitons que les contenus occupent toute la hauteur qui leur est allouée, nous devons alors donner la valeur ***stretch*** à la propriété ***align-content***. Attention cependant à ne pas conserver la propriété ***grid-template-rows*** qui définit les hauteurs de lignes.

```
#grille {
        display: grid;
        grid-template-columns: repeat(2,200px);
        /*grid-template-rows: repeat(2,100px);*/
        align-content: stretch;
        background-color: #fff;
        width: 75%;
        height: 400px;
        margin: auto;
}
```

Voici le résultat dans un navigateur :

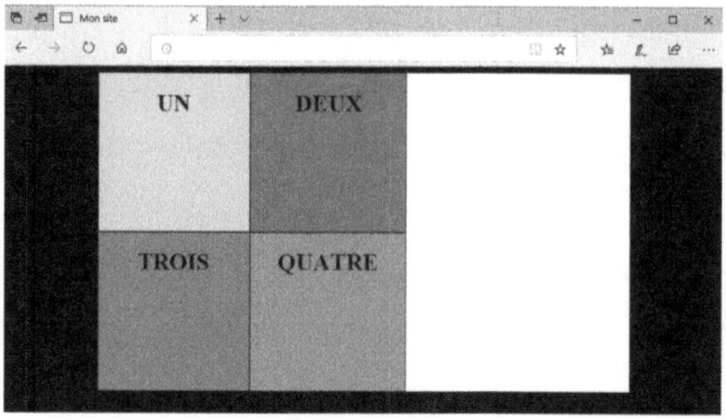

Figure 5-10 : Les contenus occupent toute la hauteur qui leur est allouée

Il est à préciser que la valeur ***stretch*** est la valeur par défaut de la propriété ***align-content***. Bien-sûr pour qu'elle fonctionne, le conteneur ne doit pas avoir de propriété ***grid-template-rows***.

Toujours grâce à la propriété ***align-content*** nous avons la possibilité de pouvoir séparer les lignes. En utilisant la valeur ***space-between***, nous faisons alors débuter la grille suivant le bord haut du conteneur et nous la faisons se terminer le long du bord bas du conteneur.

```
#grille {
        display: grid;
        grid-template-columns: repeat(2,200px);
        grid-template-rows: repeat(2,100px);
        align-content: space-between;
        background-color: #fff;
        width: 75%;
        height: 400px;
        margin: auto;
}
```

Voici le résultat dans un navigateur :

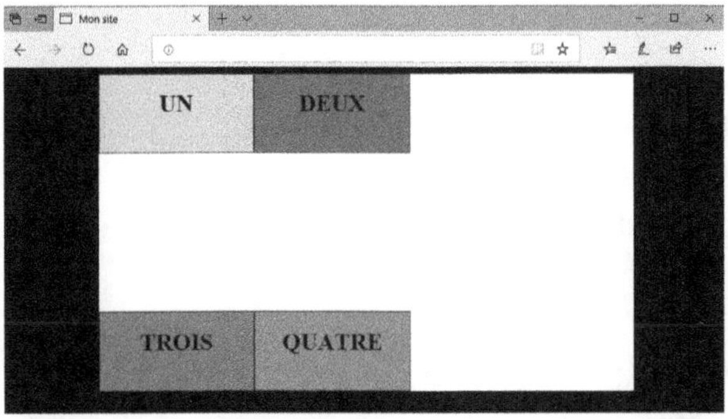

Figure 5-11 : Espacement vertical en space-between

Nous pouvons également aligner nos lignes le long de l'axe vertical en ***space-around***. Cela aura pour incidence d'éloigner les lignes de chaque extrêmité de la moitié de la distance qu'il existe entre chaque ligne.

```
#grille {
        display: grid;
        grid-template-columns: repeat(2,200px);
        grid-template-rows: repeat(2,100px);
        align-content: space-around;
        background-color: #fff;
```

```
    width: 75%;
    height: 400px;
    margin: auto;
}
```

Voici le résultat dans un navigateur :

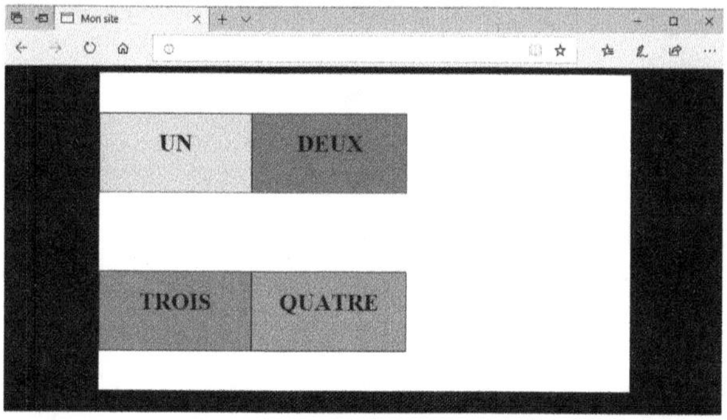

Figure 5-12 : Espacement vertical en space-around

Et enfin, nous avons la valeur ***space-evenly*** qui donnera la même distance entre les bords et les contenus et entre les contenus eux-mêmes.

```
#grille {
    display: grid;
    grid-template-columns: repeat(2,200px);
    grid-template-rows: repeat(2,100px);
    align-content: space-evenly;
    background-color: #fff;
    width: 75%;
    height: 400px;
    margin: auto;
}
```

Voici le résultat dans un navigateur :

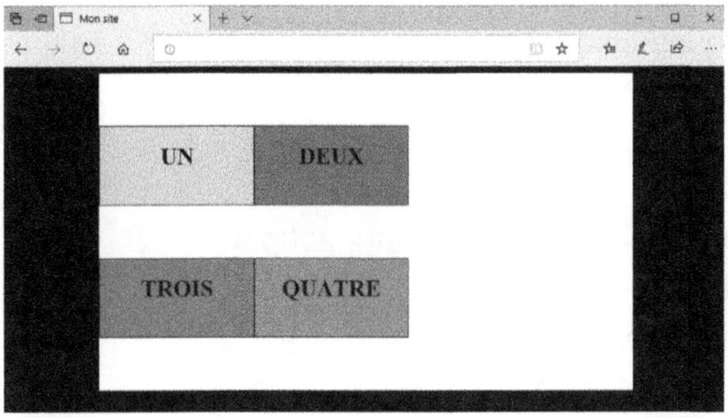

Figure 5-13 : Espacement vertical en space-evenly

5.4. Alignement de tous les contenus

Nous avons vu que nous pouvons très facilement manipuler la grille en elle-même, ici nous allons voir qu'il est également tout à fait possible de manipuler les contenus.
Reprenons notre code HTML sans apporter de modification.

```
<!doctype html>
<html>
<head>
<meta charset="utf-8">
<title>Mon site</title>
<link rel="stylesheet" href="style.css" />
</head>
<body>
<div id="grille">
	<div class="un flexbox">UN</div>
	<div class="deux flexbox">DEUX</div>
	<div class="trois flexbox">TROIS</div>
	<div class="quatre flexbox">QUATRE</div>
</div>
</body>
</html>
```

Au niveau du code CSS, nous allons reprendre le code précédent mais en demandant à aligner la grille verticalement et horizontalement au sein du conteneur.

```
body {
	background-color: #000;
}
#grille {
	display: grid;
	grid-template-columns: repeat(2,200px);
	grid-template-rows: repeat(2,100px);
	justify-content: center;
	align-content: center;
	background-color: #fff;
	width: 75%;
	height: 400px;
	margin: auto;
}
.un {
	background-color: #6f0;
}
.deux {
	background-color: #993;
}
.trois {
	background-color: #c93;
}
.quatre {
	background-color: #f90;
}
.flexbox {
	display: flex;
	justify-content: center;
	padding: 20px;
	font-size: 30px;
	font-weight: bold;
	border: 1px solid #333;
}
```

Voici le résultat de ce code dans un navigateur :

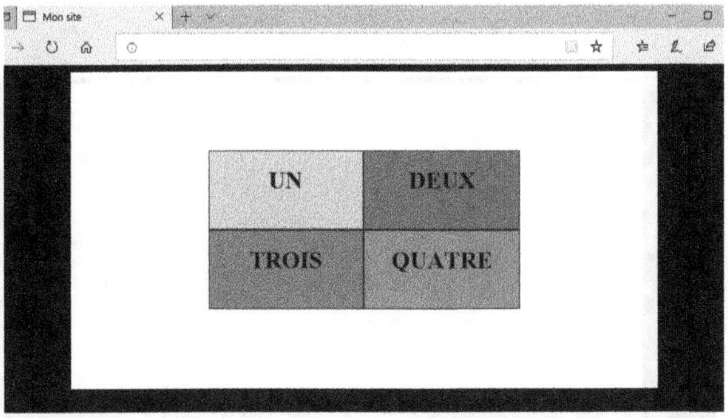

Figure 5-14 : La grille est centrée verticalement et horizontalement

Afin de manipuler la grille, nous avons utilisé les propriétés ***justify-content*** et ***align-content***. Pour manipuler les contenus, nous allons utiliser les propriétés CSS ***justify-items*** et ***align-items***.

Si nous voulons que les contenus débutent en haut de leur ligne de grille horizontale, nous donnons à la propriété ***align-items*** la valeur ***start***. Le fait d'utiliser la propriété ***align-items*** fera que la hauteur des contenus sera égale à la hauteur de ce qu'ils contiennent. Concernant la hauteur entre les lignes de grille horizontale, elles resteront à 100 pixels comme défini par la propriété ***grid-template-rows***. La propriété ***align-items*** est à placer au sein des propriétés du conteneur.

```
#grille {
        display: grid;
        grid-template-columns: repeat(2,200px);
        grid-template-rows: repeat(2,100px);
        justify-content: center;
        align-content: center;
        align-items: start;
        background-color: #fff;
        width: 75%;
        height: 400px;
        margin: auto;
}
```

Voici le résultat dans un navigateur :

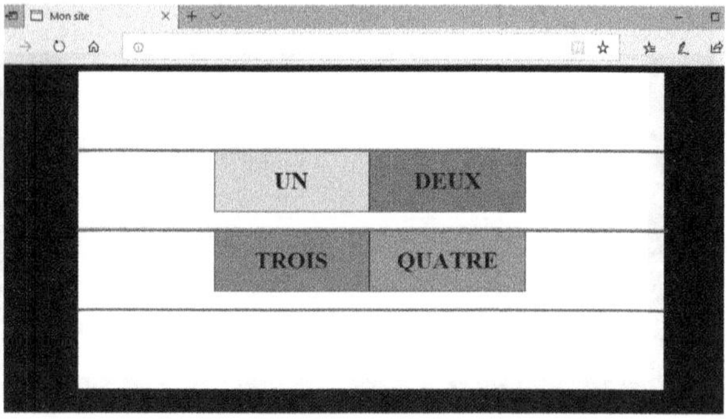

Figure 5-15 : Align-items: start; sur les contenus

Si nous voulons que les contenus débutent en bas de leur ligne de grille horizontale, nous donnons à la propriété ***align-items*** la valeur ***end***. Le fait d'utiliser la propriété ***align-items*** fera que la hauteur des contenus sera égale à la hauteur de ce qu'ils contiennent. Concernant la hauteur entre les lignes de grille horizontale, elles resteront à 100 pixels comme défini par la propriété ***grid-template-rows***. La propriété ***align-items*** est à placer au sein des propriétés du conteneur.

```
#grille {
        display: grid;
        grid-template-columns: repeat(2,200px);
        grid-template-rows: repeat(2,100px);
        justify-content: center;
        align-content: center;
        align-items: end;
        background-color: #fff;
        width: 75%;
        height: 400px;
        margin: auto;
}
```

Voici le résultat dans un navigateur :

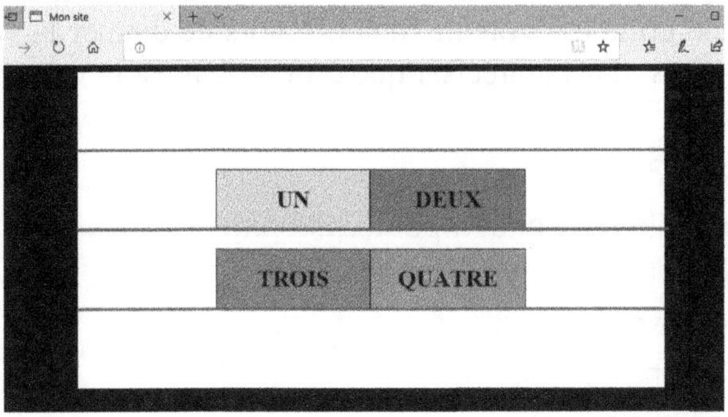

Figure 5-16 : Align-items: end; sur les contenus

Si nous voulons que les contenus soient centrés à l'intérieur des lignes de grille horizontale, nous donnons à la propriété ***align-items*** la valeur ***center***.

```
#grille {
        display: grid;
        grid-template-columns: repeat(2,200px);
        grid-template-rows: repeat(2,100px);
        justify-content: center;
        align-content: center;
        align-items: center;
        background-color: #fff;
        width: 75%;
        height: 400px;
        margin: auto;
}
```

Voici le résultat dans un navigateur :

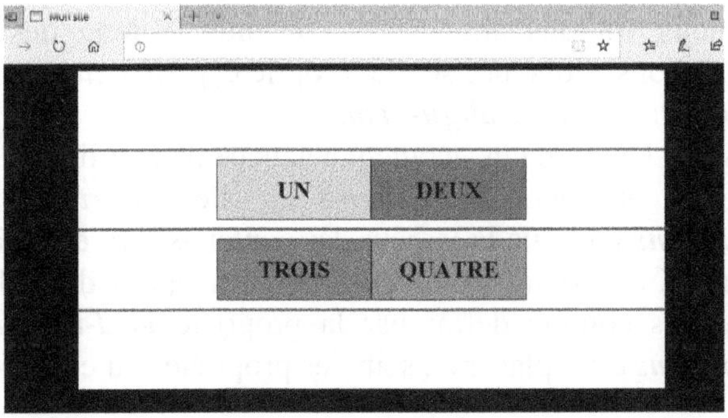

Figure 5-17 : Align-items: center; sur les contenus

Et si nous voulons que les contenus occupent toute la hauteur qui leur est allouée entre les lignes de grille horizontale, il suffit alors de donner la valeur ***stretch*** à la propriété ***align-items***. Il est à préciser que cette valeur est la valeur par défaut.

```
#grille {
        display: grid;
        grid-template-columns: repeat(2,200px);
        grid-template-rows: repeat(2,100px);
        justify-content: center;
        align-content: center;
        align-items: stretch;
        background-color: #fff;
        width: 75%;
        height: 400px;
        margin: auto;
}
```

Voici le résultat dans un navigateur :

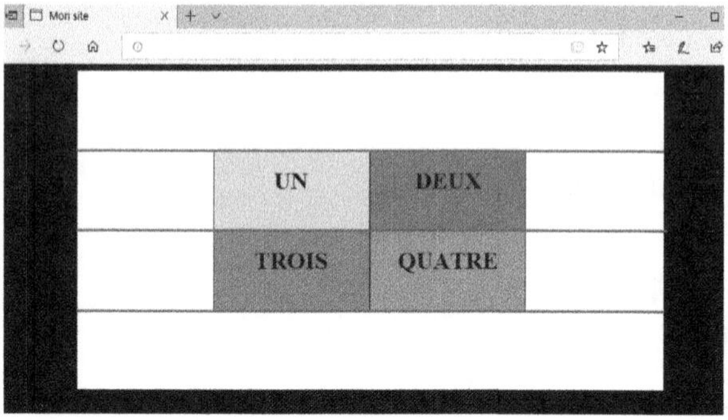

Figure 5-18 : Align-items: stretch; sur les contenus

Maintenant si nous voulons aligner les contenus le long des lignes de grille verticale, nous devons alors utiliser la propriété ***justify-items***. Elle prendra les mêmes valeurs que la propriété ***align-items***.
Si nous voulons que les contenus débutent à gauche de leur ligne de grille verticale, nous donnons à la propriété ***justify-items*** la valeur ***start***. Le fait d'utiliser la propriété ***justify-items*** fera que la largeur des contenus sera égale à la largeur de ce qu'ils contiennent. Concernant la largeur entre les lignes de grille verticale, elle restera à 200 pixels comme défini par la propriété ***grid-template-columns***. La propriété ***justify-items*** est à placer au sein des propriétés du conteneur.

```
#grille {
        display: grid;
```

```
        grid-template-columns: repeat(2,200px);
        grid-template-rows: repeat(2,100px);
        justify-content: center;
        align-content: center;
        align-items: stretch;
        justify-items: start;
        background-color: #fff;
        width: 75%;
        height: 400px;
        margin: auto;
}
```

Voici le résultat dans un navigateur :

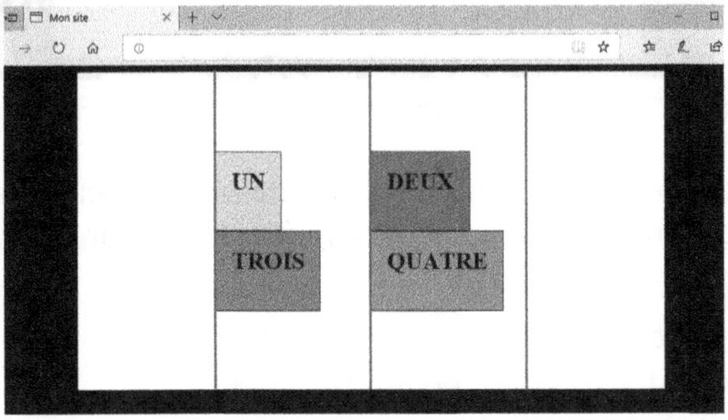

Figure 5-19 : Justify-items: start; sur les contenus

Si nous voulons que les contenus débutent à droite de leur ligne de grille verticale, nous donnons à la propriété ***justify-items*** la valeur ***end***. Le fait d'utiliser la propriété ***justify-items*** fera que la largeur des contenus sera égale à la largeur de ce qu'ils contiennent. Concernant la largeur entre les lignes de grille verticale, elle restera à 200 pixels comme défini par la propriété ***grid-template-columns***. La propriété ***justify-items*** est à placer au sein des propriétés du conteneur.

```
#grille {
        display: grid;
        grid-template-columns: repeat(2,200px);
        grid-template-rows: repeat(2,100px);
        justify-content: center;
        align-content: center;
        align-items: stretch;
        justify-items: end;
        background-color: #fff;
```

```
        width: 75%;
        height: 400px;
        margin: auto;
}
```

Voici le résultat dans un navigateur :

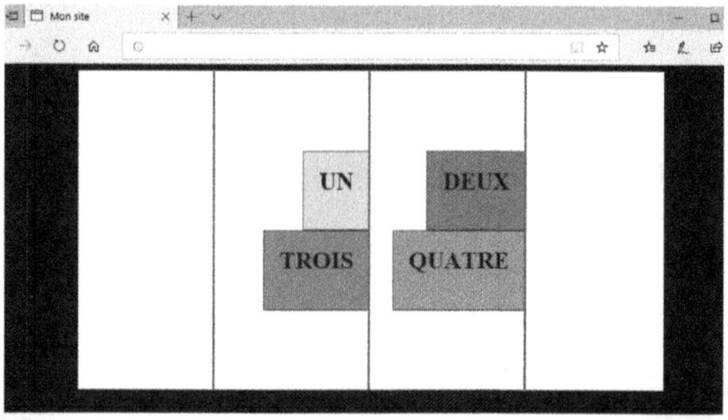

Figure 5-20 : Justify-items: end; sur les contenus

Si nous voulons que les contenus soient centrés à l'intérieur des lignes de grille verticale, nous donnons à la propriété ***justify-items*** la valeur ***center***.

```
#grille {
        display: grid;
        grid-template-columns: repeat(2,200px);
        grid-template-rows: repeat(2,100px);
        justify-content: center;
        align-content: center;
        align-items: stretch;
        justify-items: center;
        background-color: #fff;
        width: 75%;
        height: 400px;
        margin: auto;
}
```

Voici le résultat dans un navigateur :

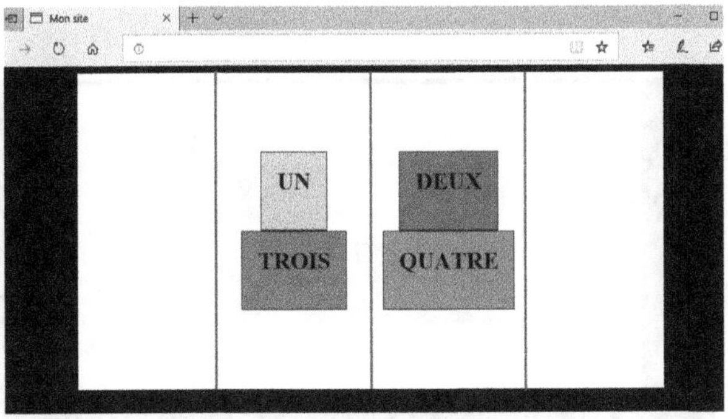

Figure 5-21 : Justify-items: center; sur les contenus

Et si nous voulons que les contenus occupent toute la largeur qui leur est allouée entre les lignes de grille verticale, il suffit alors de donner la valeur ***stretch*** à la propriété ***justify-items***. Il est à préciser que cette valeur est la valeur par défaut.

```
#grille {
        display: grid;
        grid-template-columns: repeat(2,200px);
        grid-template-rows: repeat(2,100px);
        justify-content: center;
        align-content: center;
        align-items: stretch;
        justify-items: stretch;
        background-color: #fff;
        width: 75%;
        height: 400px;
        margin: auto;
}
```

Voici le résultat dans un navigateur :

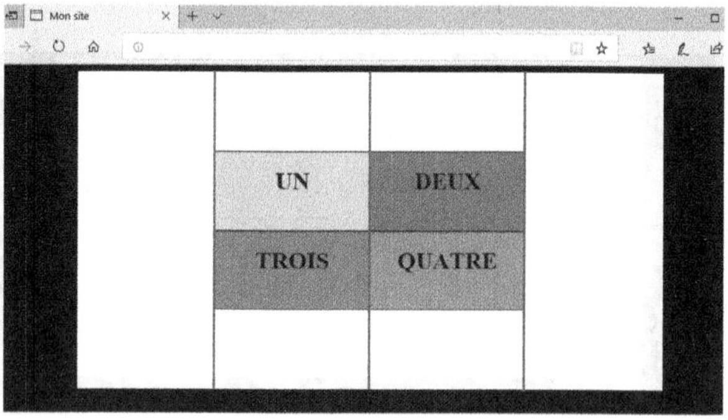

Figure 5-22 : Justify-items: strecth; sur les contenus

5.5. Alignement d'un contenu

Nous allons maintenant voir comment aligner un contenu de manière individuelle. Pour cela nous allons utiliser des propriétés CSS qui seront cette fois à placer dans les propriétés CSS de chaque contenu que nous voudrons manipuler.
En conservant exactement le même code que précédemment, si nous voulons centrer la boîte numéro un entre ses lignes de grille verticales, nous allons alors utiliser la propriété ***justify-self*** au sein des propriétés CSS de la boîte numéro un. Nous lui donnerons alors pour valeur ***center***.

```
.un {
        background-color: #6f0;
        justify-self: center;
}
```

Voici le résultat dans un navigateur :

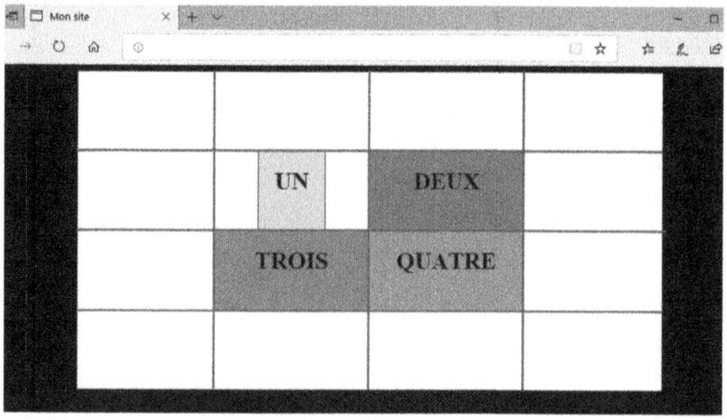

Figure 5-23 : justify-self: center; pour la boîte numéro 1

Si nous voulons que la boîte numéro un débute sur sa ligne de grille verticale gauche alors nous donnerons la valeur ***start*** à la propriété ***justify-self***.

```
.un {
        background-color: #6f0;
        justify-self: start;
}
```

Voici le résultat dans un navigateur :

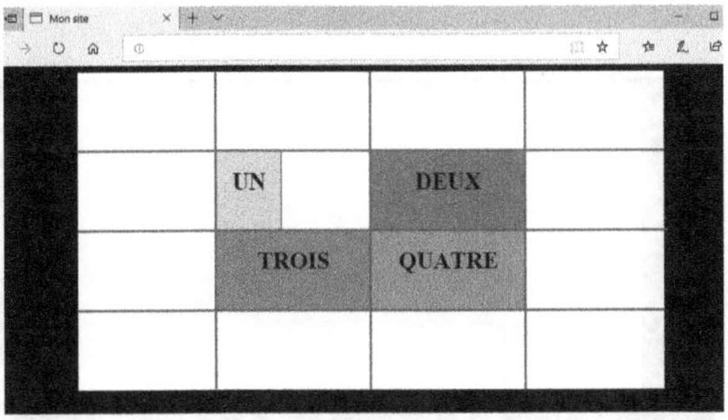

Figure 5-24 : Justify-self: start; pour la boîte numéro 1

Si nous voulons aligner la boîte numéro un à droite, nous utiliserons alors la valeur ***end*** que nous donnons à la propriété ***justify-self***.

```
.un {
        background-color: #6f0;
        justify-self: end;
}
```

Voici le résultat dans un navigateur :

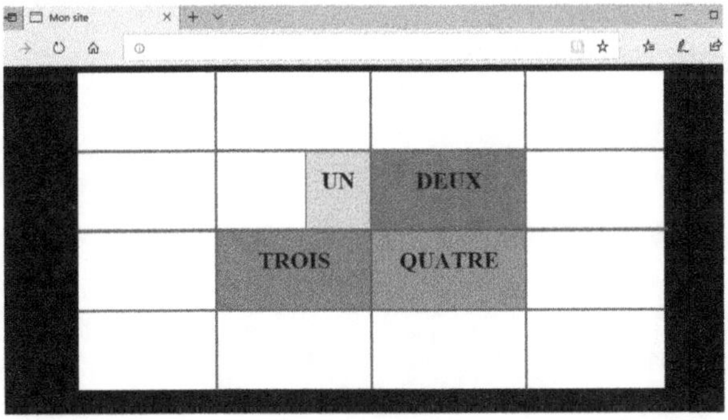

Figure 5-25 : Justify-self: end; pour la boîte numéro 1

Et enfin, la valeur par défaut pour la propriété ***justify-self*** est la valeur ***stretch***. Elle permet à la boîte numéro un d'occuper toute la largeur qui lui est allouée.

```
.un {
        background-color: #6f0;
        justify-self: stretch;
}
```

Voici le résultat dans un navigateur :

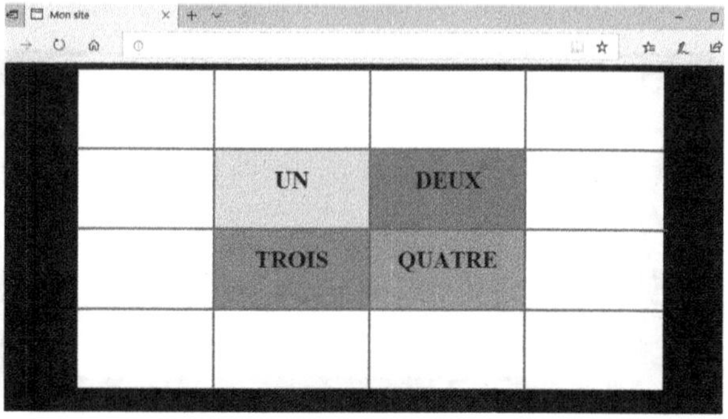

Figure 5-26 : Justify-self: stretch; pour la boîte numéro 1

De la même façon, nous pouvons aligner la boîte numéro un selon l'axe vertical. Pour cela, nous avons à notre disposition la propriété ***align-self***. Cette propriété sera à placer dans les propriétés CSS du contenu que nous souhaiterons aligner.
En conservant exactement le même code que précédemment, si nous voulons centrer la boîte numéro un entre ses lignes de grille horizontale, nous allons alors utiliser la propriété ***align-self*** au sein des propriétés CSS de la boîte numéro un. Nous lui donnerons alors pour valeur ***center***.

```
.un {
        background-color: #6f0;
        align-self: center;
}
```

Voici le résultat dans un navigateur :

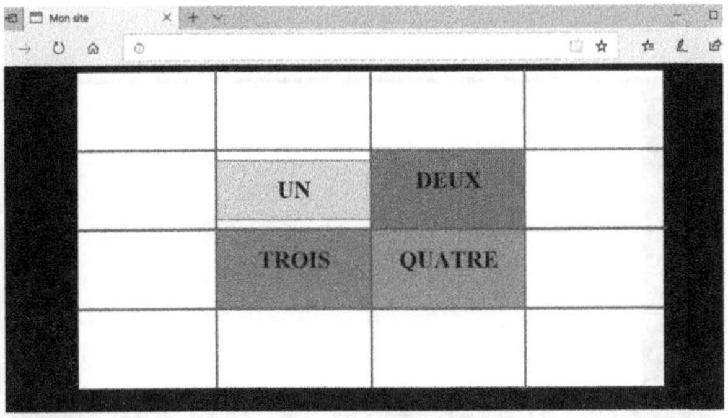

Figure 5-27 : Align-self: center; pour la boîte numéro 1

Si nous voulons que la boîte numéro un débute sur sa ligne de grille horizontale haute alors nous donnerons la valeur ***start*** à la propriété ***align-self***.

```
.un {
        background-color: #6f0;
        align-self: start;
}
```

Voici le résultat dans un navigateur :

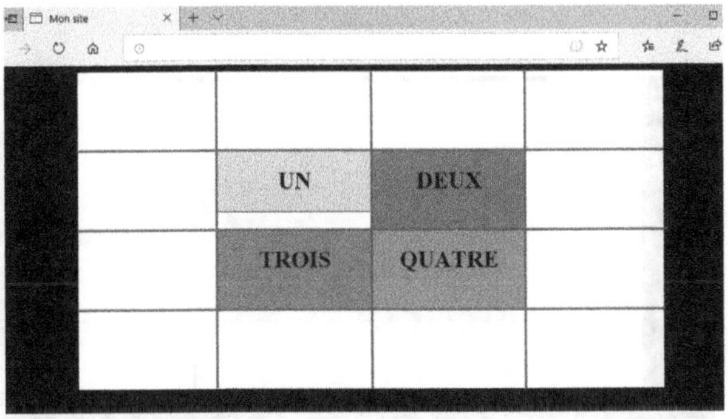

Figure 5-28 : Align-self: start; pour la boîte numéro 1

Si nous voulons aligner la boîte numéro un en bas, nous utiliserons alors la valeur ***end*** que nous donnons à la propriété ***align-self***.

```
.un {
        background-color: #6f0;
        align-self: end;
}
```

Voici le résultat dans un navigateur :

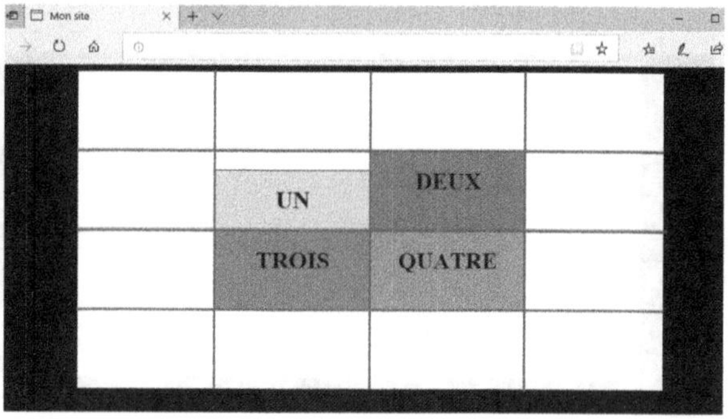

Figure 5-29 : Align-self: end; pour la boîte numéro 1

Et enfin, la valeur par défaut pour la propriété ***align-self*** est la valeur ***stretch***. Elle permet à la boîte numéro un d'occuper toute la hauteur qui lui est allouée.

```
.un {
        background-color: #6f0;
        align-self: stretch;
}
```

Voici le résultat dans un navigateur :

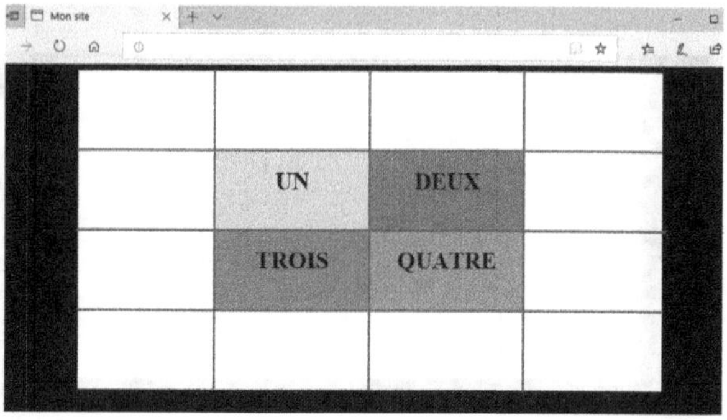

Figure 5-30 : Align-self: stretch; pour la boîte numéro 1

Chapitre 6

Création d'une maquette d'un site responsive

6.1. Présentation du travail

Pour terminer cette première partie du livre, nous allons réaliser une maquette de site internet responsive en utilisant la technologie ***grid***. Nous allons travailler en ***mobile first***, c'est-à-dire pour les smartphones en priorité. Nous ne ferons que deux types d'écran, un petit et un grand. Nous mettrons en place un point de rupture sur les 900 pixels. Voici ci-dessous la maquette que nous allons réaliser ensemble.

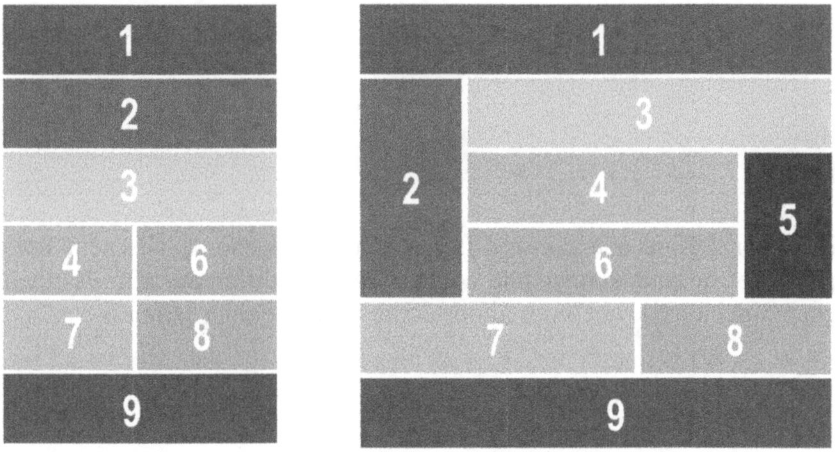

Figure 6-1 : Présentation de la maquette que nous allons réaliser

Nous allons mettre en place différents contenus. Chaque contenu sera numéroté, ainsi nous pourrons les retrouver sur les petits écrans et sur les grands écrans. En sachant que la boîte numéro 5 ne sera pas présente sur les petits écrans.

6.2. Mise en place des bases du travail

Nous allons déjà commencer par mettre en place notre code HTML. Nous allons déclarer une boîte conteneur qui contiendra neuf boîtes.

```
<!doctype html>
<html>
<head>
<meta charset="utf-8">
<title>Mon site</title>
<link rel="stylesheet" href="style.css" />
```

```
</head>
<body>
<div id="grille">
	<div class="un">1</div>
	<div class="deux">2</div>
	<div class="trois">3</div>
	<div class="quatre">4</div>
	<div class="cinq">5</div>
	<div class="six">6</div>
	<div class="sept">7</div>
	<div class="huit">8</div>
	<div class="neuf">9</div>
</div>
</body>
</html>
```

Le fait d'avoir définie une classe différente pour chacune de nos neuf boîtes va nous permettre de leur donner une couleur de fond différente afin de mieux les distinguer. Voici le code que nous allons écrire dans le fichier ***style.css***

```
.un {
	background-color: #d44bcd;
}
.deux {
	background-color: #f16b08;
}
.trois {
	background-color: #b2f109;
}
.quatre {
	background-color: #23f109;
}
.cinq {
	background-color: #3050f0;
}
.six {
	background-color: #fbb5e9;
}
```

```
.sept {
        background-color: #0af1ad;
}
.huit {
        background-color: #e8f571;
}
.neuf {
        background-color: #31838f;
}
```

Voici le résultat obtenu dans un navigateur :

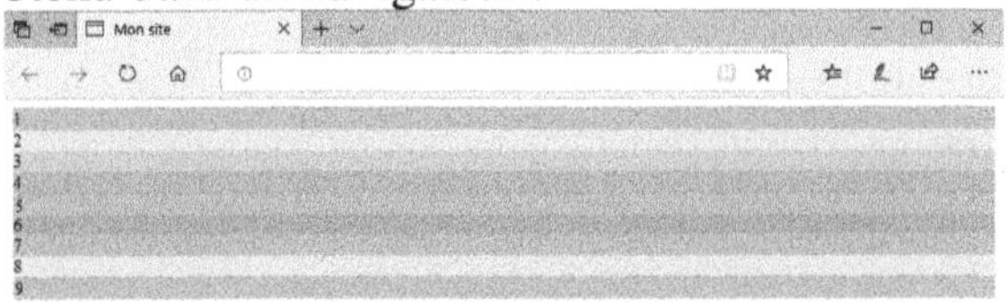

Figure 6-2 : Mise en place d'une couleur de fond pour les contenus

Afin de rendre nos boîtes un peu plus jolies et un peu plus visible, nous allons leur définir une classe commune que nous appellerons ***flexbox*** et qui contiendra les mêmes propriétés CSS que nous avons déjà utilisées dans ce chapitre.
Ajout de la classe ***flexbox*** à nos neuf boîtes de contenus.

```
<!doctype html>
<html>
<head>
<meta charset="utf-8">
<title>Mon site</title>
<link rel="stylesheet" href="style.css" />
</head>
<body>
<div id="grille">
        <div class="un flexbox">1</div>
        <div class="deux flexbox">2</div>
        <div class="trois flexbox">3</div>
        <div class="quatre flexbox">4</div>
        <div class="cinq flexbox">5</div>
        <div class="six flexbox">6</div>
        <div class="sept flexbox">7</div>
        <div class="huit flexbox">8</div>
```

```
        <div class="neuf flexbox">9</div>
</div>
</body>
</html>
```

Voici le code CSS de la classe ***flexbox*** :

```
.flexbox {
        display: flex;
        justify-content: center;
        padding: 20px;
        font-size: 30px;
        font-weight: bold;
        border: 1px solid #333;
}
```

Voici le résultat obtenu dans un navigateur :

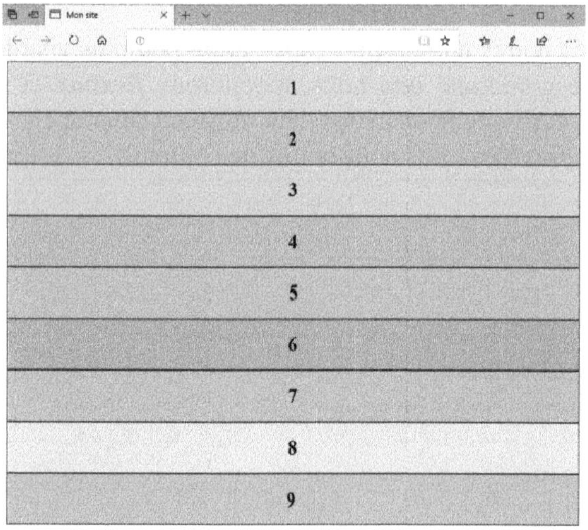

Figure 6-3 : Ajout de la classe flexbox

Et pour terminer la première partie de notre exercice, nous allons simplement définir la propriété ***display*** que nous placerons à ***grid*** pour le conteneur à qui nous avons donné l'identifiant ***grille***.

```
#grille {
        display: grid;
}
```

6.3. CSS côté smartphone

Nous avons dit que le site serait ***mobile first***. Nous allons donc configurer notre CSS par rapport aux écrans de téléphone portable. Voici ci-dessous le rappel de ce que nous souhaitons mettre en place.

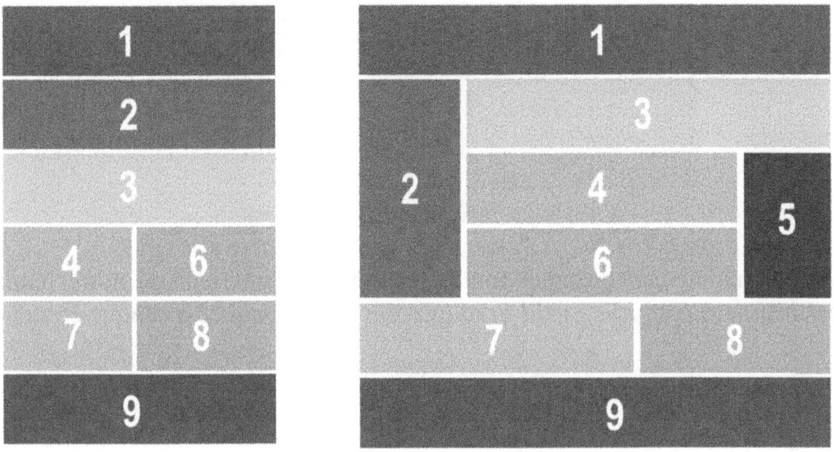

Figure 6-4 : Rappel du travail à mettre en place

Ce qui nous intéresse pour le moment est l'écran de gauche. On constate qu'il devra être divisé en deux colonnes. Pour être plus précis, nous dirons que la première ligne contiendra une boîte qui va occuper les deux colonnes, la deuxième et la troisième ligne également. Concernant la quatrième ligne, elle contiendra deux boîtes qui occuperont chacune deux colonnes. Il en va de même pour la cinquième ligne. Et enfin la sixième et dernière ligne contiendra une boîte qui va occuper les deux colonnes. Nous pouvons également constater que la boîte numéro 5 ne sera pas présente sur les écrans de téléphone portable.

Nous allons maintenant traduire tout cela en CSS. Afin de mettre en place des colonnes, nous allons utiliser la propriété ***grid-template-columns*** au sein des propriétés CSS du conteneur.

```
#grille {
        display: grid;
        grid-template-columns: repeat(2, 50%);
}
```

Voici le résultat dans un navigateur :

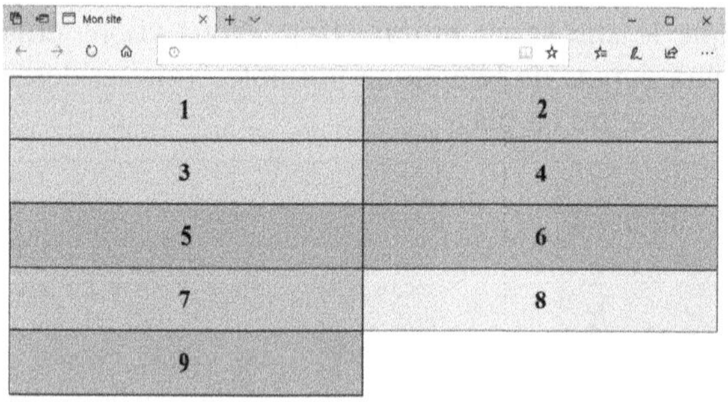

Figure 6-5 : Mise en place de 2 colonnes

Nous allons maintenant nommer toutes les zones à l'intérieur de notre feuille de style en utilisant la propriété ***grid-area*** qui doit être appliquée à chaque contenu.

```
.un {
        background-color: #d44bcd;
        grid-area: un;
}
.deux {
        background-color: #f16b08;
        grid-area: deux;
}
.trois {
        background-color: #b2f109;
        grid-area: trois;
}
.quatre {
        background-color: #23f109;
        grid-area: quatre;
}
.cinq {
        background-color: #3050f0;
        grid-area: cinq;
}
.six {
        background-color: #fbb5e9;
        grid-area: six;
}
```

```
.sept {
        background-color: #0af1ad;
        grid-area: sept;
}
.huit {
        background-color: #e8f571;
        grid-area: huit;
}
.neuf {
        background-color: #31838f;
        grid-area: neuf;
}
```

Maintenant que nous avons donné un nom à l'ensemble de nos contenus, nous allons pouvoir mettre en place la propriété ***grid-template-areas*** afin de les positionner comme convenu sur nos deux colonnes.
Avant de faire cela, nous allons tout de suite cacher la boîte numéro 5 car elle ne doit pas apparaître sur les écrans de smartphone. Nous effacerons la propriété ***grid-area*** qui n'a pas lieu d'être puisque cette boîte ne sera pas à positionner.

```
.cinq {
        background-color: #3050f0;
        visibility: hidden;
}
```

Nous pouvons à présent mettre en place la propriété ***grid-template-areas*** au sein de notre conteneur.

```
#grille {
        display: grid;
        grid-template-columns: repeat(2, 50%);
        grid-template-areas:
                "un un"
                "deux deux"
                "trois trois"
                "quatre six"
                "sept huit"
                "neuf neuf";
}
```

Voici le résultat obtenu dans un navigateur :

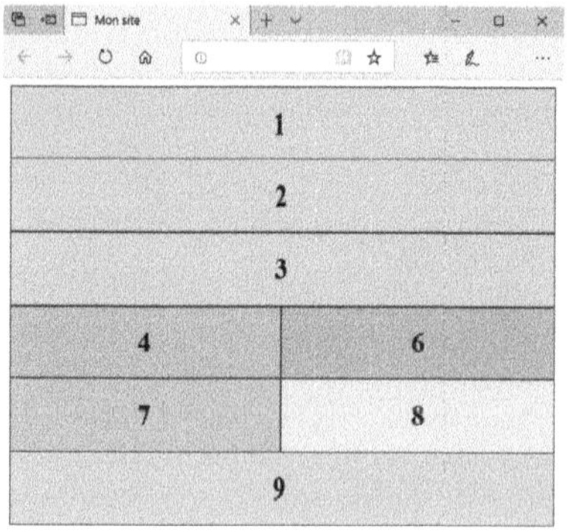

Figure 6-6 : Mise en place du site côté mobile first

6.4. CSS côté ordinateur

Maintenant que la mise en page côté écran de téléphone portable est faite, nous allons mettre en place la mise en page côté écran d'ordinateur. La première chose à faire est de définir le point de rupture qui déterminera la nouvelle mise en page. Nous avions fixé ce point de rupture à 900 pixels.

```
@media screen and (min-width: 901px) {
}
```

Cela signifie que dès que l'écran qui viendra visionner notre page web sera strictement supérieur à 900 pixels alors la mise en page du site sera modifiée. Nous allons à présent mettre en place cette modification.
La première chose à faire est de rendre visible la boîte numéro 5 pour ce type d'écran et de lui donner un nom en utilisant la propriété ***grid-area***.

```
@media screen and (min-width: 901px) {
        .cinq {
        grid-area: cinq;
        visibility: visible;
        }
}
```

Et ensuite, pour réaliser la mise en page, nous allons juste avoir besoin de récupérer le conteneur et de lui appliquer une nouvelle mise en page au travers de ses propriétés CSS. Nous modifierons alors le nombre de colonnes, le faisant passer de 2 à 5 colonnes. Nous leur donnerons une largeur de 20% chacune. Il ne nous restera alors plus qu'à positionner nos différentes lignes et colonnes en utilisant la propriété ***grid-template-areas***.

```
@media screen and (min-width: 901px) {
        #grille {
        grid-template-columns: repeat(5, 20%);
        grid-template-areas:
                "un un un un un"
                "deux trois trois trois trois"
                "deux quatre quatre quatre cinq"
                "deux six six six cinq"
                "sept sept sept huit huit"
                "neuf neuf neuf neuf neuf";
        }
        .cinq {
        visibility: visible;
        }
}
```

Voici le résultat obtenu pour les écrans supérieurs à 900 pixels :

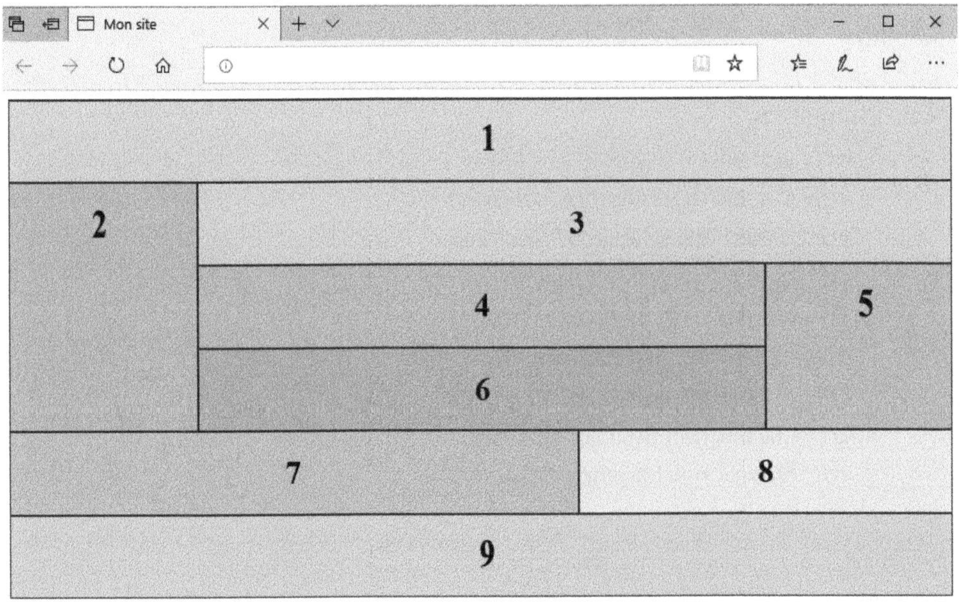

Figure 6-7 : Mise en page pour les écrans d'ordinateur

6.5. Conclusion

Il nous reste encore une dernière chose à faire si nous voulons que notre site s'affiche correctement sur un smartphone, c'est de mettre en place un ***meta viewport***. Cela va nous permettre de pouvoir rectifier les informations fournies par le constructeur. Par exemple, pour un certain smartphone, le constructeur va nous annoncer une taille de 1280 pixels. Cependant les pixels annoncés par le constructeur ne sont pas les pixels que nous utilisons en qualité de concepteur de site internet. Il nous annonce 1280 pixels, mais en réalité la taille serait pour nous de 480 pixels. Donc le ***meta viewport*** va nous permettre de pouvoir rectifier cette différence. Voici le code HTML complet de l'exercice que nous venons de réaliser ensemble.

```
<!doctype html>
<html>
<head>
<meta charset="utf-8">
<title>Mon site</title>
<meta name="viewport" content="width=device-width, initial-scale=1" />
<link rel="stylesheet" href="style.css" />
</head>
<body>
<div id="grille">
	<div class="un flexbox">1</div>
	<div class="deux flexbox">2</div>
	<div class="trois flexbox">3</div>
	<div class="quatre flexbox">4</div>
	<div class="cinq flexbox">5</div>
	<div class="six flexbox">6</div>
	<div class="sept flexbox">7</div>
	<div class="huit flexbox">8</div>
	<div class="neuf flexbox">9</div>
</div>
</body>
</html>
```

Et voici également le code CSS complet

```
#grille {
	display: grid;
	grid-template-columns: repeat(2, 50%);
```

```
        grid-template-areas:
                "un un"
                "deux deux"
                "trois trois"
                "quatre six"
                "sept huit"
                "neuf neuf";
}
.un {
        background-color: #d44bcd;
        grid-area: un;
}
.deux {
        background-color: #f16b08;
        grid-area: deux;
}
.trois {
        background-color: #b2f109;
        grid-area: trois;
}
.quatre {
        background-color: #23f109;
        grid-area: quatre;
}
.cinq {
        background-color: #3050f0;
        visibility: hidden;
}
.six {
        background-color: #fbb5e9;
        grid-area: six;
}
.sept {
        background-color: #0af1ad;
        grid-area: sept;
}
.huit {
```

```
        background-color: #e8f571;
        grid-area: huit;
}
.neuf {
        background-color: #31838f;
        grid-area: neuf;
}
.flexbox {
        display: flex;
        justify-content: center;
        padding: 20px;
        font-size: 30px;
        font-weight: bold;
        border: 1px solid #333;
}
@media screen and (min-width: 901px) {
        #grille {
        grid-template-columns: repeat(5, 20%);
        grid-template-areas:
                "un un un un un"
                "deux trois trois trois trois"
                "deux quatre quatre quatre cinq"
                "deux six six six cinq"
                "sept sept sept huit huit"
                "neuf neuf neuf neuf neuf";
        }
        .cinq {
        grid-area: cinq;
        visibility: visible;
        }
}
```

Partie 2

FLEXBOX

Chapitre 7

Le *display flex*

7.1. Mise en place de nos documents de base

Nous allons créer en HTML, une boîte ***div*** à qui nous allons donner pour identifiant ***conteneur***. Cette boîte va contenir différentes autres boîtes ***div***. Nous allons en créer trois. Voici ce que cela va nous donner.

```
<div id="conteneur">
        <div class="contenu1">Contenu 1</div>
        <div class="contenu2">Contenu 2</div>
        <div class="contenu3">Contenu 3</div>
</div>
```

Jusqu'ici rien de bien extraordinaire, nous venons simplement de déclarer des balises génériques du HTML. Notre fichier HTML de base que nous pouvons appeler ***index.html*** ressemble donc à ceci.

```
<!doctype html>
<html>
<head>
        <meta charset="utf-8" />
        <title>Flexbox</title>
</head>
<body>
        <div id="conteneur">
                <div class="contenu1">Contenu 1</div>
                <div class="contenu2">Contenu 2</div>
                <div class="contenu3">Contenu 3</div>
        </div>
</body>
</html>
```

En appelant notre fichier ***index.html*** dans un navigateur, nous obtenons le résultat suivant.

Figure 7-1 : Résultat de l'appel du fichier index.html

Pourquoi un tel résultat ? Tout simplement parce que les balises ***div*** sont de type ***bloc*** et font donc apparaître les éléments les uns en dessous des autres. Il s'agit là du comportement normal du CSS.
Afin de rendre tout cela un peu plus visuel, nous allons créer une feuille de style externe que nous nommerons ***style.css***. Nous allons relier cette feuille de style à notre fichier HTML à l'aide du code suivant.

```
<link rel="stylesheet" href="style.css" />
```

Notre fichier HTML devient donc

```
<!doctype html>
<html>
<head>
        <meta charset="utf-8" />
        <title>Flexbox</title>
        <link rel="stylesheet" href="style.css" />
</head>
<body>
        <div id="conteneur">
                <div class="contenu1">Contenu 1</div>
                <div class="contenu2">Contenu 2</div>
                <div class="contenu3">Contenu 3</div>
        </div>
</body>
</html>
```

Passons à présent à l'édition de notre feuille de style. Nous allons donner un style à nos différents contenus, en leur donnant une couleur de fond. Voici ce que cela va donner.

```
.contenu1 {
        background-color:#f9f;
}
```

```
.contenu2 {
        background-color:#ff3;
}
.contenu3 {
        background-color:#C9F;
}
```

En relançant notre fichier ***index.html*** dans notre navigateur, nous allons obtenir ceci

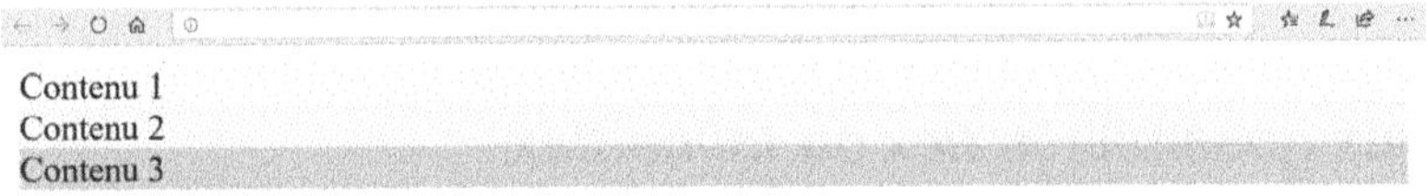

Figure 7-2 : Résultat de l'index.html avec sa feuille de style

Le fait d'avoir appliqué un style pour afficher une couleur de fond à nos différents contenus, montre bien visuellement le type ***bloc*** des balises ***div***, puisque les couleurs de fond s'étalent sur toute la largeur de l'écran.

7.2. Déclarer du *flex* dans notre code CSS

Jusque là nous venons de voir que le comportement naturel d'une balise ***div*** est le type ***bloc***, et donc par conséquent à chaque fois que l'on crée une balise ***div***, les infos qui se trouvent à l'intérieur de cette balise commencent à la ligne. ***Flexbox*** va venir totalement anéantir ce comportement pour imposer le sien. C'est ce que nous allons voir maintenant. Lorsque l'on souhaite donner un comportement ***flex*** à un ou plusieurs contenus, nous le mentionnons alors dans le conteneur. Le conteneur étant celui qui va contenir les différentes boîtes qui vont devenir flexibles. Pour effectuer cela, il suffit de déclarer le style suivant à l'identifiant conteneur, dans notre fichier ***style.css***

```
#conteneur {
        display: flex;
}
```

La conséquence est immédiate : le comportement naturel de type ***bloc*** des balises ***div*** est remplacé par celui de ***flexbox***.

Regardez la figure ci-dessous, elle montre le résultat de ce nouveau comportement.

Figure 7-3 : Notre premier flexbox

Le fait d'avoir passé le conteneur en ***display:flex*** a rendu toutes les boîtes contenues à l'intérieur du conteneur, flexibles. Et donc elles se sont positionnées les unes à côté des autres. Leur type ***bloc*** a totalement disparu. Nous ne sommes donc plus sur une notion de ***bloc*** ou de ***inline*** mais de ***flex***.

7.3. Deux possibilités *flex* ou *inline-flex*

Précédemment nous avons défini la valeur ***flex*** à la propriété ***display***. Si nous avions défini la valeur ***inline-flex*** au lieu de la valeur ***flex***, ceci n'aurait rien changé pour les contenus. Ils se seraient positionnés les uns à côté des autres, exactement comme précédemment.

```
#conteneur {
        display: inline-flex;
}
```

Voici le résultat dans un navigateur :

Figure 7-4 : Résultat d'une valeur inline-flex

Comme vous pouvez le constater, cela ne change strictement rien aux contenus. Ils ont adopté un comportement ***flex***. Alors pourquoi deux valeurs possibles pour la propriété ***display*** ? Cela va permettre à un conteneur vis-à-vis d'autres conteneurs, d'être ***flex*** (c'est-à-dire de type ***bloc***) ou ***inline-flex*** (c'est-à-dire de type ***inline***). Cela signifie que nous pouvons définir autant de conteneurs qu'on le souhaite dans une page. Ils se positionneront entre eux de manière ***bloc*** ou ***inline***, respectivement ***flex*** ou ***inline-flex***. Si par exemple, vous souhaitez placer deux conteneurs l'un à côté de l'autre, alors vous leur donnerez la valeur ***inline-flex*** à leur propriété ***display***.

7.4. La largeur des contenus

Comme vous l'avez sans doûte remarqué, la largeur des contenus a été modifiée. En fait la largeur des boîtes est liée à leur contenu. Ici, la première boîte a pour contenu ***contenu 1***, la seconde boîte a pour contenu ***contenu 2*** et la troisième boîte a pour contenu ***contenu 3***. Si nous modifions le contenu d'une boîte alors sa largeur s'en retrouvera modifiée. Prenons tout de suite un exemple pour bien comprendre ce principe. Nous allons modifier le contenu de la première boîte en le remplaçant par le chiffre ***1***.

```
<!doctype html>
<html>
<head>
        <meta charset="utf-8" />
        <title>Flexbox</title>
        <link rel="stylesheet" href="style.css" />
</head>
<body>
        <div id="conteneur">
                <div class="contenu1">1</div>
                <div class="contenu2">Contenu 2</div>
                <div class="contenu3">Contenu 3</div>
        </div>
</body>
</html>
```

Voici donc le résultat que nous obtenons :

Figure 7-5 : La largeur d'une boîte est liée à son contenu.

Comme vous pouvez le constater, la première boîte est beaucoup moins large que les deux boîtes suivantes puisque son contenu est uniquement le chiffre ***1***. Donc la largeur de la boîte est bien liée à son contenu.

7.5. Modifions le style par défaut

Afin de rendre visuellement plus jolies nos boîtes de contenu, nous allons modifier leur style CSS en leur apportant la propriété ***padding***. Voila à quoi va ressembler notre fichier ***style.css***

```
#conteneur {
        display: flex;
}
.contenu1 {
        background-color:#FFC;
        padding: 20px;
```

```
}
.contenu2 {
        background-color:#ff3;
        padding: 20px;
}
.contenu3 {
        background-color:#FCF;
        padding: 20px;
}
```

Nous en profitons pour remettre le fichier ***index.html*** comme initialement.

```
<!doctype html>
<html>
<head>
        <meta charset="utf-8" />
        <title>Flexbox</title>
        <link rel="stylesheet" href="style.css" />
</head>
<body>
        <div id="conteneur">
                <div class="contenu1">Contenu 1</div>
                <div class="contenu2">Contenu 2</div>
                <div class="contenu3">Contenu 3</div>
        </div>
</body>
</html>
```

Voici le résultat que nous obtenons dans notre navigateur :

Figure 7-6 : Les boîtes sont enrichies d'un padding

Comme nous l'avons constaté précédemment, nous voyons bien ici que la largeur des boîtes est bien liée à leur contenu, mais aussi aux styles qu'on leur applique. Ici le ***padding*** qui permet de créer un espace entre le bord et son contenu, a permis d'augmenter la largeur des boîtes.

Chapitre 8

La différence entre *flex* et *inline-flex*

8.1. La propriété *display*

Comme nous l'avons vu dans le chapitre précédent, les valeurs ***flex*** et ***inline-flex*** données à la propriété ***display***, sont liées uniquement au conteneur. Lorsque l'on donne la valeur ***flex*** à la propriété ***display*** d'un conteneur, ce conteneur sera de type ***bloc*** vis-à-vis d'un autre conteneur. Lorsque l'on donne la valeur ***inline-flex*** à la propriété ***display*** d'un conteneur, ce conteneur sera de type ***inline*** vis-à-vis d'un autre conteneur.
Nous allons reprendre notre fichier CSS précédent afin d'apporter une couleur de fond au conteneur.

```
#conteneur {
	display: flex;
	background-color:#CCC;
}
.contenu1 {
	background-color:#FFC;
	padding: 20px;
}
.contenu2 {
	background-color:#ff3;
	padding: 20px;
}
.contenu3 {
	background-color:#FCF;
	padding: 20px;
}
```

Observons le résultat dans notre navigateur, à l'appel du fichier ***index.html***

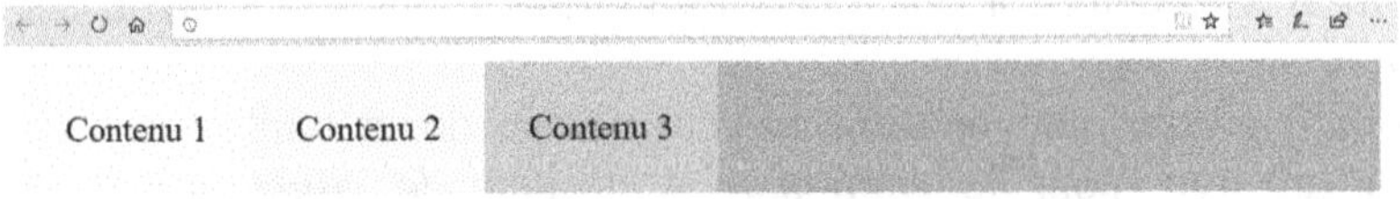

Figure 8-1 : Background-color dans le conteneur

Ici nous pouvons confirmer que le conteneur qui a la propriété ***display*** de valeur ***flex***, a un comportement de type ***bloc*** puisque sa couleur de fond occupe toute la largeur de l'écran.

8.2. Plusieurs conteneurs *flex*

Ici nous allons voir qu'il est donc tout à fait possible d'avoir plusieurs conteneurs sur une même page web et que ces conteneurs se comporteront entre eux de façon ***bloc*** ou ***inline*** selon la valeur de leur propriété ***display***. Pour cela nous allons créer deux conteneurs dans notre fichier ***index.html***

```
<!doctype html>
<html>
<head>
        <meta charset="utf-8" />
        <title>Flexbox</title>
        <link rel="stylesheet" href="style.css" />
</head>
<body>
        <div id="conteneurA">
                <div class="contenu1">Contenu 1</div>
                <div class="contenu2">Contenu 2</div>
                <div class="contenu3">Contenu 3</div>
        </div>
        <div id="conteneurB">
                <div class="contenu1">Contenu 1</div>
                <div class="contenu2">Contenu 2</div>
                <div class="contenu3">Contenu 3</div>
        </div>
</body>
</html>
```

Notre fichier HTML contient à présent deux conteneurs, le ***conteneur A*** et le ***conteneur B***. Ces deux conteneurs auront le même contenu. A savoir les contenus ***1***, ***2*** et ***3***.

Apportons à présent une modification au niveau de la feuille de style CSS en déclarant un style pour le ***conteneur A*** et pour ***le conteneur B***. Nous leur donnerons à tous les deux, une valeur ***flex*** à leur propriété ***display***. En revanche nous leur donnerons une couleur de fond différente afin de bien les distinguer dans notre navigateur web.

Voici notre feuille de style CSS.

```
#conteneurA {
        display: flex;
        background-color:#CCC;
}
#conteneurB {
        display: flex;
        background-color:#000;
}
.contenu1 {
        background-color:#FFC;
        padding: 20px;
}
.contenu2 {
        background-color:#ff3;
        padding: 20px;
}
.contenu3 {
        background-color:#FCF;
        padding: 20px;
}
```

Voila le résultat de ce code dans un navigateur :

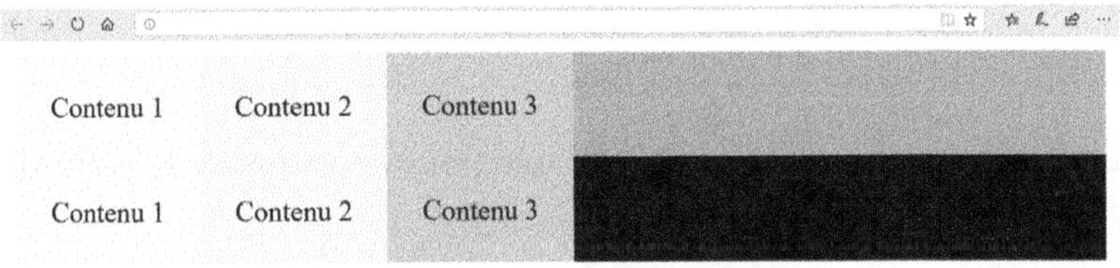

Figure 8-2 : Deux conteneurs flex

Nous voyons bien ici que ces deux conteneurs ont un comportement de type ***bloc***, puisque leur couleur de fond respective prend bien toute la largeur de l'écran, obligeant ainsi le second conteneur à commencer à la ligne suivante.
Nous venons de démontrer que la valeur ***flex*** donnée à la propriété ***display*** d'un conteneur le rendait de type ***bloc*** vis-à-vis des autres conteneurs.

8.3. Plusieurs conteneurs inline-flex

Reprenons notre fichier CSS et modifions la valeur de la propriété ***display*** de nos deux conteneurs en choisissant cette fois la valeur ***inline-flex***. Voila à quoi va à présent ressembler notre fichier ***style.css***

```
#conteneurA {
        display: inline-flex;
        background-color:#CCC;
}
#conteneurB {
        display: inline-flex;
        background-color:#000;
}
.contenu1 {
        background-color:#FFC;
        padding: 20px;
}
.contenu2 {
        background-color:#ff3;
        padding: 20px;
}
.contenu3 {
        background-color:#FCF;
        padding: 20px;
}
```

Nous ne touchons pas au fichier HTML que nous appelons dans notre navigateur. Voici ce que nous obtenons à l'écran :

Figure 8-3 : deux conteneurs inline-flex

Nous voyons bien ici que ces deux conteneurs ont un comportement de type ***inline***, puisque les voici à présent l'un à côté de l'autre sur l'écran. Nous venons de démontrer que la valeur ***inline-flex*** donnée à la propriété ***display*** d'un conteneur le rendait de type ***inline*** vis-à-vis des autres conteneurs.

8.4. Conclusion de ce chapitre

Lorsque des conteneurs ont pour valeur ***flex*** à leur propriété ***display***, ils sont alors de type ***bloc*** les uns vis-à-vis des autres.
Lorsque des conteneurs ont pour valeur ***inline-flex*** à leur propriété ***display***, ils sont alors de type ***inline*** les uns vis-à-vis des autres.
Il est également important de se rappeler qu'à partir du moment où un conteneur est déclaré ***flex*** ou ***inline-flex***, alors ses différents contenus seront des éléments flexibles.

Chapitre 9

Définir la direction des contenus

9.1. Une propriété CSS liée à la direction

Nous avons vu que le fait d'avoir écrit un ***display:flex*** dans les styles du conteneur avait placé automatiquement les différents contenus les uns à côté des autres et non plus les uns en dessous des autres comme ils l'étaient initialement. Nous allons à présent modifier ce nouveau comportement en utilisant une nouvelle propriété qui sera elle aussi placée dans les styles du conteneur. Cette nouvelle propriété va nous permettre de pouvoir établir la direction dans laquelle vont se positionner les différents contenus. Lorsque l'on parle de direction, cela signifie que l'on parle de lignes et de colonnes. Nous allons donc pouvoir décider si nos contenus seront alignés en ligne ou bien empilés en colonne. La propriété qui va être utilisée pour réaliser cela est la propriété ***flex-direction***.

9.2. Diriger nos contenus en ligne

A partir du moment où nous avons défini un comportement ***flex*** pour un conteneur, alors ses contenus sont affichés en ligne. Cela signifie que la valeur par défaut de la propriété ***flex-direction*** est une valeur qui place les contenus en ligne. Cette valeur est ***row***, qui signifie ligne en français. Voici comment elle se déclare.

```
flex-direction: row;
```

Reprenons notre fichier ***style.css*** en ne conservant qu'un seul conteneur à qui nous allons appliquer la nouvelle propriété ***flex-direction***

```
#conteneur {
        background-color:#CCC;
        display: flex;
        flex-direction: row;
}
.contenu1 {
        background-color:#FFC;
        padding: 20px;
}
.contenu2 {
        background-color:#ff3;
        padding: 20px;
```

```
}
.contenu3 {
        background-color:#FCF;
        padding: 20px;
}
```

Voici notre fichier ***index.html***

```
<!doctype html>
<html>
<head>
        <meta charset="utf-8" />
        <title>Flexbox</title>
        <link rel="stylesheet" href="style.css" />
</head>
<body>
        <div id="conteneur">
                <div class="contenu1">Contenu 1</div>
                <div class="contenu2">Contenu 2</div>
                <div class="contenu3">Contenu 3</div>
        </div>
</body>
</html>
```

En appelant notre fichier ***index.html*** dans notre navigateur, voici ce que nous obtenons à l'écran.

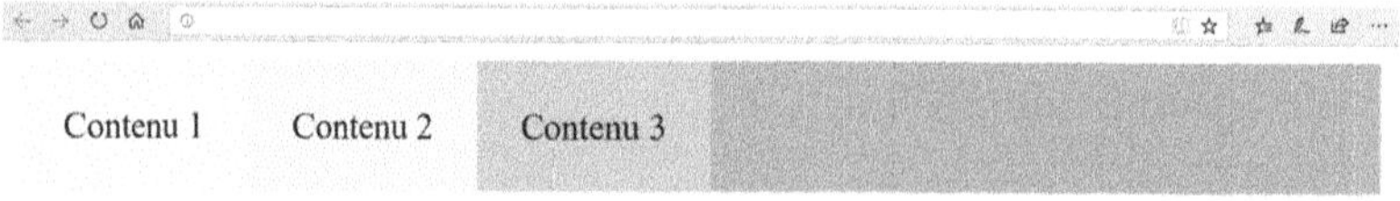

Figure 9-1 : Résultat de la propriété flex-direction ayant pour valeur row

Nos contenus sont alignés les uns à côté des autres exactement comme précédemment. Il ne s'est strictement rien passé. Comme nous l'avons dit plus haut, la valeur ***row*** est la valeur par défaut de la propriété ***flex-direction***. Donc que la propriété ***flex-direction*** soit déclarée avec valeur ***row*** ou bien qu'elle ne soit pas déclarée, le résultat sera forcément le même.
A partir du moment où un conteneur a une propriété ***display:flex*** ou ***display:inline-flex***, ses contenus se postionneront en ligne et de gauche à droite.

9.3. Diriger nos contenus en colonne

Nous avons dit plus haut que la propriété ***flex-direction*** nous permettait de diriger nos contenus soit sur une ligne, soit sur une colonne. Voyons donc maintenant comment diriger nos contenus en colonne. Pour cela il suffit simplement de donner la valeur ***column*** à la propriété ***flex-direction***, comme ceci.

```
flex-direction: column;
```

Reprenons notre fichier ***style.css*** et modifions la valeur de la propriété ***flex-direction*** du conteneur.

```
#conteneur {
        background-color:#CCC;
        display: flex;
        flex-direction: column;
}
.contenu1 {
        background-color:#FFC;
        padding: 20px;
}
.contenu2 {
        background-color:#ff3;
        padding: 20px;
}
.contenu3 {
        background-color:#FCF;
        padding: 20px;
}
```

Cette fois nous avons demandé que nos contenus soient empilés en colonne. Voyons voir le résultat de cette nouvelle feuille de style. Nous conservons le même fichier HTML que précédemment.

Figure 9-2 : Résultat de la propriété flex-direction ayant pour valeur column

Nos contenus sont donc bien empilés en colonne et non alignés en ligne. En revanche, cette fois, nous voyons que leur largeur ne dépend plus de leur contenu comme le faisait l'alignement en ligne. Nous aurons l'occasion de reparler plus loin dans ce livre de ce comportement.

9.4. Diriger nos contenus en ligne inversée

Nous venons de voir qu'il est possible de diriger nos contenus soit en ligne, soit en colonne. Ici nous allons voir qu'il est également possible d'inverser la direction de nos contenus lorsque ceux-ci sont alignés en ligne. Pour cela nous utilisons la valeur ***row-reverse*** à la propriété ***flex-direction***, comme ceci.

```
flex-direction: row-reverse;
```

Reprenons notre fichier ***style.css*** et modifions la valeur de la propriété ***flex-direction*** du conteneur.

```
#conteneur {
        background-color:#CCC;
        display: flex;
        flex-direction: row-reverse;
}
.contenu1 {
        background-color:#FFC;
        padding: 20px;
}
.contenu2 {
        background-color:#ff3;
        padding: 20px;
}
.contenu3 {
        background-color:#FCF;
        padding: 20px;
}
```

Cette fois nous venons de demander à notre conteneur d'afficher ses contenus en ligne inversée. Voyons le résultat de cette demande dans notre navigateur en appelant notre fichier ***index.html*** que nous ne modifions pas.

Voici ce que nous renvoi notre navigateur :

Figure 9-3 : Résultat de la propriété flex-direction ayant pour valeur row-reverse

Ici nous pouvons observer que nos contenus sont bien affichés en ligne, grâce à la valeur ***row***, mais qu'ils sont affichés de façon inversée, grâce à la valeur ***reverse***. Donc en donnant la valeur ***row-reverse*** à la propriété ***flex-direction*** d'un conteneur, ses contenus s'afficheront les uns à côté des autres mais de façon inversée. Le début se retrouvera à droite de l'écran et non plus à gauche. Cela signifie que sans toucher au fichier HTML, nous pouvons inverser très facilement la direction des contenus.

9.5. Diriger nos contenus en colonne inversée

Précédemment nous avons vu qu'il était possible d'inverser la direction des contenus lorsque ceux-ci étaient en ligne. Maintenant nous allons voir qu'il est également possible d'inverser les contenus lorsque ceux-ci sont empilés en colonne. Et cela va se faire grâce à la valeur ***column-reverse*** de la propriété ***flex-direction***. Comme ceci.

```
flex-direction: column-reverse;
```

Reprenons notre fichier ***style.css*** et modifions la valeur de la propriété ***flex-direction*** du conteneur.

```
#conteneur {
	background-color:#CCC;
	display: flex;
	flex-direction: column-reverse;
}
.contenu1 {
	background-color:#FFC;
	padding: 20px;
}
.contenu2 {
	background-color:#ff3;
	padding: 20px;
}
.contenu3 {
	background-color:#FCF;
```

```
    padding: 20px;
}
```

Cette fois nous venons de demander à notre conteneur d'afficher ses contenus en colonne inversée. Voyons le résultat de cette demande dans notre navigateur en appelant notre fichier ***index.html*** que nous ne modifions pas.

Figure 9-4 : Résultat de la propriété flex-direction ayant pour valeur column-reverse

Ici nous pouvons observer que nos contenus sont bien affichés en colonne, grâce à la valeur ***column***, mais qu'ils sont affichés de façon inversée, grâce à la valeur ***reverse***. Donc en donnant la valeur ***column-reverse*** à la propriété ***flex-direction*** d'un conteneur, ses contenus s'afficheront les uns au-dessus des autres mais de façon inversée. Le début se retrouvera en bas du conteneur et non plus en haut. Cela signifie que sans toucher au fichier HTML, nous pouvons inverser très facilement la direction des contenus.

9.6. Conclusion

Une fois que l'on a défini un conteneur en ***display:flex*** (ou ***display:inline-flex***) alors on accède à la propriété ***flex-direction*** qui nous permet de pouvoir donner une direction à nos contenus. Et cela sans jamais modifier notre code HTML.

Chapitre 10

Le retour à la ligne

10.1. Une propriété CSS liée au retour à la ligne

Nous venons de voir qu'il est possible de définir la direction des contenus. Ici nous allons voir qu'il est également possible de définir un retour ou non à la ligne des différents contenus et cela grâce à une nouvelle propriété CSS liée à ***flexbox***. La propriété qui va être utilisée pour réaliser cela est la propriété ***flex-wrap***.
La valeur par défaut de cette propriété CSS est la valeur ***nowrap*** qui signifie que les contenus ne doivent pas revenir à la ligne. Par conséquent, en définissant un conteneur de type ***flex***, alors par défaut tous ses contenus seront affichés les uns à la suite des autres sans jamais revenir à la ligne.

10.2. Empêcher le retour à la ligne des contenus

Nous avons vu qu'à partir du moment où nous avons défini un comportement ***flex*** pour un conteneur alors ses contenus sont affichés en ligne. Ce qu'il faut également savoir, si la largeur totale des contenus dépasse la largeur du conteneur, les contenus ne reviendront pas à la ligne et continueront à s'afficher les uns à côté des autres quitte à sortir du conteneur. Ceci démontre un comportement par défaut de ***flexbox***, empêcher le retour à la ligne des contenus. Tout ceci est régi par la propriété CSS qui se nomme ***flex-wrap***. Sa valeur par défaut est ***nowrap***, qui signifie ne pas revenir à la ligne. Voici comment elle se déclare.

```
flex-wrap: nowrap;
```

Reprenons notre fichier ***style.css*** à qui nous allons appliquer la nouvelle propriété ***flex-wrap***. Nous n'appliquerons pas la propriété ***flex-direction*** car nous souhaitons afficher nos contenus en ligne, les uns à côté des autres. Et c'est précisément la valeur par défaut de cette propriété, comme nous l'avons vu plus haut.

```
#conteneur {
	background-color:#CCC;
	display: flex;
	flex-wrap: nowrap;
}
.contenu1 {
	background-color:#FFC;
	padding: 20px;
}
```

```
.contenu2 {
        background-color:#ff3;
        padding: 20px;
}
.contenu3 {
        background-color:#FCF;
        padding: 20px;
}
```

Apportons une modification à notre fichier HTML en lui ajoutant de nouveaux contenus. Pour cela nous allons copier et coller les trois contenus, puis nous renommerons nos nouveaux contenus en ***contenu 4***, ***contenu 5*** et ***contenu 6***.
Voici notre fichier ***index.html***

```
<!doctype html>
<html>
<head>
        <meta charset="utf-8" />
        <title>Flexbox</title>
        <link rel="stylesheet" href="style.css" />
</head>
<body>
        <div id="conteneur">
                <div class="contenu1">Contenu 1</div>
                <div class="contenu2">Contenu 2</div>
                <div class="contenu3">Contenu 3</div>
                <div class="contenu1">Contenu 4</div>
                <div class="contenu2">Contenu 5</div>
                <div class="contenu3">Contenu 6</div>
        </div>
</body>
</html>
```

Affichons maintenant le résultat de nos fichiers, dans notre navigateur :

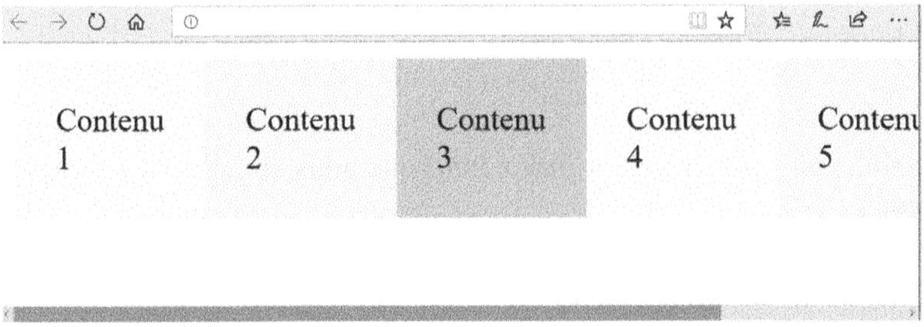

Figure 10-1 : Résultat de la propriété flex-wrap ayant pour valeur nowrap

Nous pouvons observer que les contenus ne reviennent pas à la ligne. Un scroll en bas du navigateur s'est affiché pour pouvoir faire défiler tous les contenus. Nous rappelons que ce comportement est un comportement par défaut. Donc que l'on écrive ***flex-wrap:nowrap*** dans le style CSS du conteneur ou non, le comportement des contenus sera celui-ci.

10.3. Autoriser le retour à la ligne des contenus

Il existe une valeur à donner à la propriété ***flex-wrap*** pour pouvoir autoriser un retour à la ligne des contenus lorsque ceux-ci n'ont plus de place pour s'afficher les uns à côté des autres. Cette valeur est ***wrap***. Elle s'applique ainsi.

```
flex-wrap: wrap;
```

Nous allons appliquer cette nouvelle valeur à la propriété ***flex-wrap*** de notre conteneur.

```
#conteneur {
        background-color:#CCC;
        display: flex;
        flex-wrap: wrap;
}
.contenu1 {
        background-color:#FFC;
        padding: 20px;
}
.contenu2 {
        background-color:#ff3;
        padding: 20px;
}
.contenu3 {
```

```
	background-color:#FCF;
	padding: 20px;
}
```

Nous ne touchons pas au fichier ***index.html*** que nous appelons à présent dans notre navigateur :

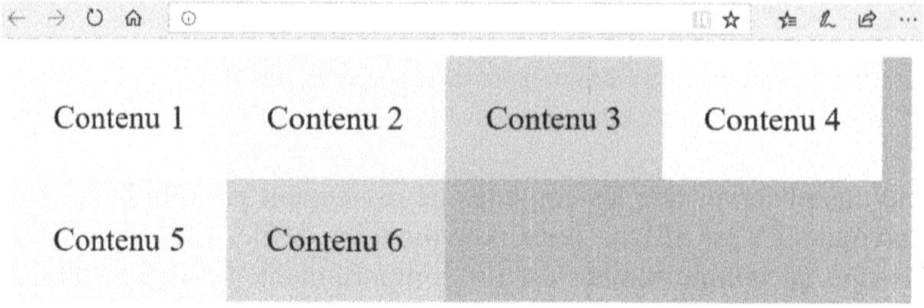

Figure 10-2 : Résultat de la propriété flex-wrap ayant pour valeur wrap

Nous pouvons observer que nos contenus reviennent automatiquement à la ligne dès qu'ils n'ont plus la place pour pouvoir continuer de s'afficher les uns à côté des autres. Et cela grâce à la valeur ***wrap*** donnée à la propriété ***flex-wrap***.

10.4. Autoriser le retour à la ligne inversé des contenus

Il existe une troisième valeur que l'on peut donner à la propriété ***flex-wrap***, la valeur ***wrap-reverse***. Cette valeur permet comme la valeur ***wrap***, un retour à la ligne des contenus lorsque ceux-ci n'ont plus la place de pouvoir s'afficher les uns à côté des autres. La seule différence est qu'elle va les afficher de façon inversée. Voyons tout de suite cela en modifiant la valeur de la propriété ***flex-wrap*** du conteneur dans notre fichier ***style.css***

```
#conteneur {
	background-color:#CCC;
	display: flex;
	flex-wrap: wrap-reverse;
}
.contenu1 {
	background-color:#FFC;
	padding: 20px;
}
.contenu2 {
	background-color:#ff3;
	padding: 20px;
```

```
}
.contenu3 {
        background-color:#FCF;
        padding: 20px;
}
```

Observons le résultat de cette modification dans notre navigateur.

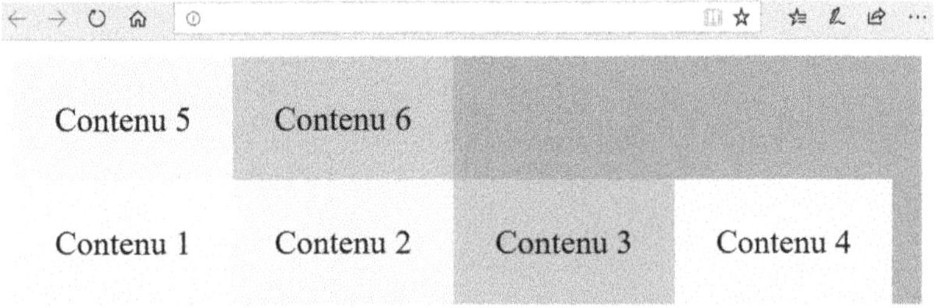

Figure 10-3 : Résultat de la propriété flex-wrap ayant pour valeur wrap-reverse

Nos contenus reviennent bien à la ligne mais cette fois en s'inversant.

10.5. Une propriété réunissant deux propriétés

Il est possible de pouvoir réunir les propriétés ***flex-direction*** et ***flex-wrap*** en une seule propriété. Cette propriété se nomme ***flex-flow***. Elle prend pour valeur la valeur donnée à ***flex-direction*** puis celle donnée à ***flex-wrap***. Par exemple, si nous voulons un alignement en ligne des contenus et autoriser un retour à la ligne, nous pouvons alors écrire ceci

```
flex-flow: row wrap;
```

10.6. Conclusion

Nous venons de découvrir une nouvelle propriété, la propriété ***flex-wrap*** qui permet le retour ou non à la ligne des contenus. Nous rappelons que par défaut, cette propriété n'autorise pas le retour à la ligne des contenus.

Chapitre 11

L'axe principal et l'axe secondaire

11.1. La notion d'axe

Nous avons vu précédemment que nous pouvons définir un alignement des contenus en ligne ou bien en colonne. Pour cela nous pouvons utiliser la propriété ***flex-direction***. Si nous voulons un alignement des contenus en ligne alors nous donnons la valeur ***row*** et si nous voulons un alignement en colonne alors nous donnons la valeur ***column***. Nous pouvons ajouter la valeur ***reverse*** dans le cas où nous souhaitons inverser l'ordre des contenus.
En clair, nous avons deux possibilités d'alignement, soit un alignement en ligne, c'est-à-dire suivant un axe horizontal, soit un alignement en colonne c'est-à-dire suivant un axe vertical. Cela va nous amener à une notion importante de ***flexbox***, la notion d'axe principal et d'axe secondaire.

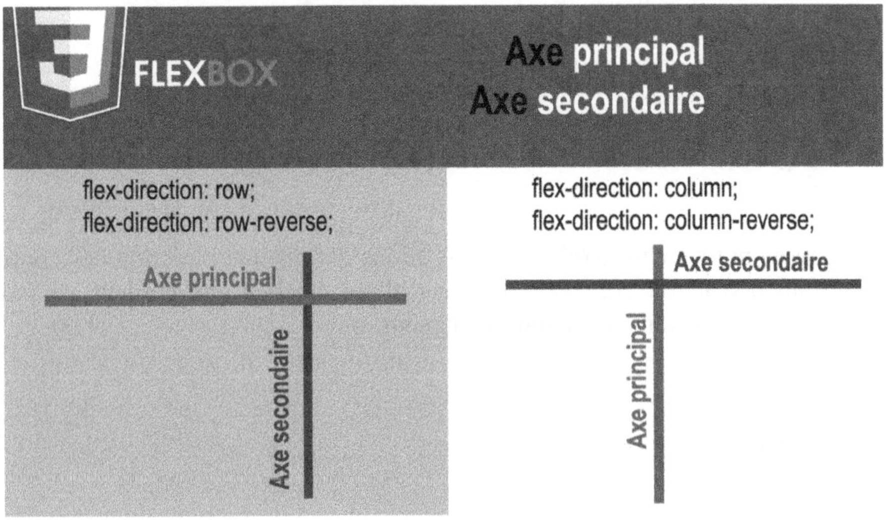

Figure 11-1 : Axe principal et axe secondaire

Lorsque nous définissons une direction en ligne (ou en ligne inversée), alors les contenus sont affichés en ligne. Cette direction est alors définie comme étant l'axe principal. De ce fait, tout ce qui sera affiché verticalement sera aligné suivant l'axe secondaire.
Dans le sens inverse, lorsque nous définissons une direction en colonne (ou en colonne inversée), alors les contenus sont affichés en colonne. Cette direction est alors définie comme étant l'axe principal. De ce fait, tout ce qui sera affiché horizontalement sera aligné suivant l'axe secondaire.

11.2. Alignement sur l'axe principal

Maintenant que nous avons vu ce que sont l'axe principal et l'axe secondaire, nous allons alors pouvoir aborder une nouvelle propriété ***flex*** qui va nous permettre de positionner nos contenus suivant ces axes.
Nous allons créer au niveau HTML, un conteneur qui va posséder trois boîtes ***div***.

```
<!doctype html>
<html>
<head>
<meta charset="utf-8">
<title>FlexBox</title>
<link rel="stylesheet" href="style.css" />
</head>
<body>
<div id="conteneur">
	<div class="contenu1">Contenu 1</div>
	<div class="contenu2">Contenu 2</div>
	<div class="contenu3">Contenu 3</div>
</div>
</body>
</html>
```

Au niveau de notre fichier ***style.css***, nous allons définir une direction des contenus en ligne au niveau du conteneur et nous allons donner une couleur de fond à chacun des contenus ainsi qu'à notre conteneur.

```
#conteneur {
	display: flex;
	flex-direction: row;
	background-color: #ccc;
}
.contenu1 {
	background-color: #f9f;
	padding: 20px;
}
.contenu2 {
	background-color: #ff3;
	padding: 20px;
}
```

```
.contenu3 {
        background-color: #366;
        padding: 20px;
}
```

Voici le résultat dans un navigateur :

Figure 11-2 : Alignement des contenus suivant l'axe horizontal

11.3. Alignement horizontal

Le fait que nous soyons en ***flex-direction: row***, l'axe principal est l'axe horizontal. Nous rappelons que la valeur ***row*** de la propriété ***flex-direction*** est la valeur par défaut. Cela signifie que l'axe principal par défaut est alors l'axe horizontal. Nous allons maintenant pouvoir positionner nos éléments suivant cet axe principal grâce à une propriété ***flex*** qui se nomme ***justify-content***. La propriété ***justify-content*** a plusieurs valeurs. Sa valeur par défaut est la valeur ***flex-start***. Elle permet de demander aux contenus de débuter à gauche du conteneur.

```
#conteneur {
        display: flex;
        flex-direction: row;
        justify-content: flex-start;
        background-color: #ccc;
}
```

Le résultat sera identique au résultat précédent puisque la valeur ***flex-start*** est la valeur par défaut.

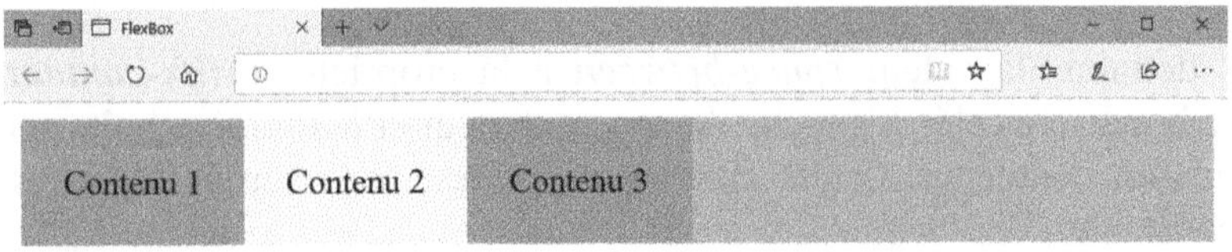

Figure 11-3 : On donne la valeur flex-start à la propriété justify-content

Maintenant si nous souhaitons que les contenus débutent à droite de leur conteneur alors nous devons donner la valeur ***flex-end*** à la propriété ***justify-content***.

```
#conteneur {
        display: flex;
        flex-direction: row;
        justify-content: flex-end;
        background-color: #ccc;
}
```

Voici le résultat dans un navigateur :

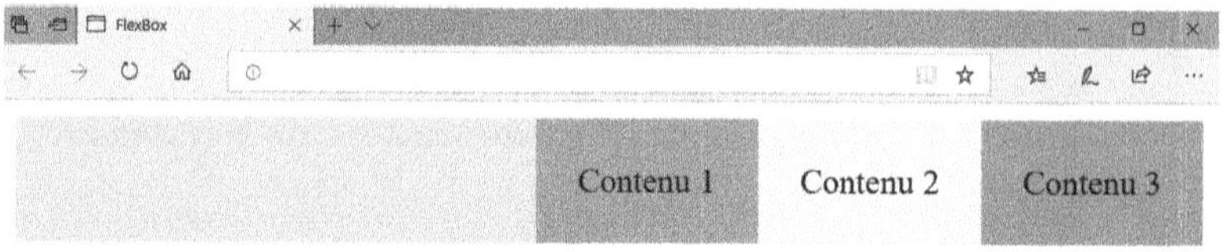

Figure 11-4 : On donne la valeur flex-end à la propriété justify-content

Si nous souhaitons centrer les contenus suivant l'axe horizontal alors nous donnons la valeur ***center*** à la propriété ***justify-content***.

```
#conteneur {
        display: flex;
        flex-direction: row;
        justify-content: center;
        background-color: #ccc;
}
```

Voici le résultat dans un navigateur :

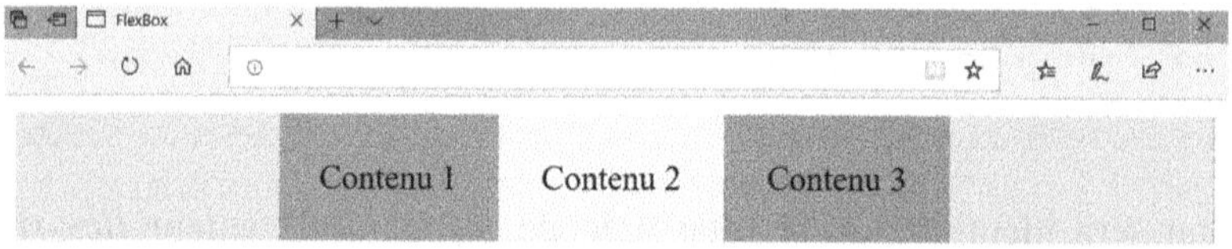

Figure 11-5 : On donne la valeur center à la propriété justify-content

Si nous donnons la valeur ***space-between*** à la propriété ***justify-content*** alors la première boîte sera calée à gauche de son conteneur et la dernière boîte sera calée à droite de son conteneur. Quant aux autres boîtes, elles seront espacées par une valeur constante.

```
#conteneur {
        display: flex;
        flex-direction: row;
        justify-content: space-between;
```

```
        background-color: #ccc;
}
```

Voici le résultat dans un navigateur :

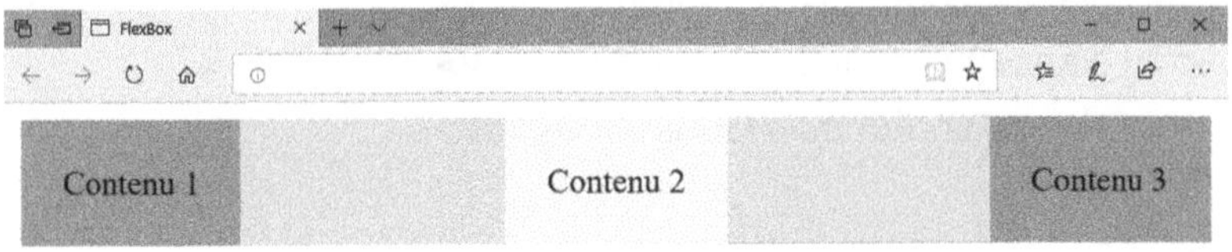

Figure 11-6 : On donne la valeur space-between à la propriété justify-content

Et enfin, si nous donnons la valeur ***space-around*** à la propriété ***justify-content***, alors nos différents contenus seront espacés d'une même valeur et le contenu le plus à gauche sera espacé de la moitié de cette valeur d'espacement avec le bord gauche de son conteneur. Il en va de même pour le contenu le plus à droite.

```
#conteneur {
        display: flex;
        flex-direction: row;
        justify-content: space-around;
        background-color: #ccc;
}
```

Voici le résultat dans un navigateur :

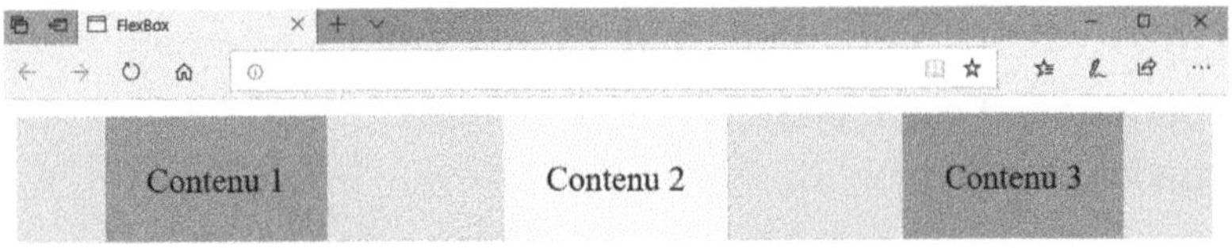

Figure 11-7 : On donne la valeur space-around à la propriété justify-content

11.4. Alignement vertical

Si nous voulons que nos contenus soient alignés verticalement alors nous devons définir la valeur ***column*** à la propriété ***flex-direction***.
Nous conservons le même code HTML que précédemment.

```
<!doctype html>
<html>
<head>
<meta charset="utf-8">
<title>FlexBox</title>
<link rel="stylesheet" href="style.css" />
```

```
</head>
<body>
<div id="conteneur">
        <div class="contenu1">Contenu 1</div>
        <div class="contenu2">Contenu 2</div>
        <div class="contenu3">Contenu 3</div>
</div>
</body>
</html>
```

Quant au fichier CSS, nous demandons juste à positionner nos contenus verticalement.

```
#conteneur {
        display: flex;
        flex-direction: column;
        background-color: #ccc;
}
.contenu1 {
        background-color: #f9f;
        padding: 20px;
}
.contenu2 {
        background-color: #ff3;
        padding: 20px;
}
.contenu3 {
        background-color: #366;
        padding: 20px;
}
```

Voici le résultat dans un navigateur :

Figure 11-8 : Alignement des contenus verticalement

La conséquence de ce code est que les contenus se retrouvent empilés les uns sur les autres et qu'ils occupent toute la largeur de leur conteneur. Une autre conséquence est que l'axe principal est devenu l'axe vertical. Et donc par défaut les contenus sont alignés suivant cet axe vertical. Afin de mieux apprécier cet alignement, nous allons donner une hauteur à notre conteneur.

```
#conteneur {
	display: flex;
	flex-direction: column;
	background-color: #ccc;
	height: 300px;
}
```

Voici le résultat dans un navigateur :

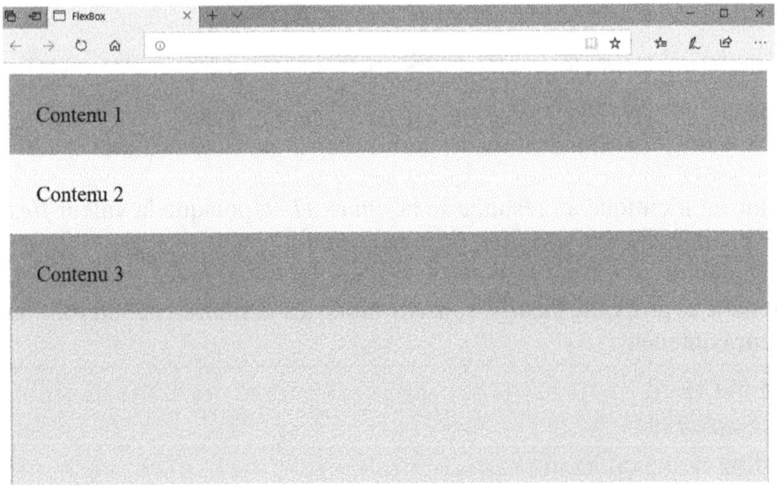

Figure 11-9 : On donne une hauteur au conteneur

Grâce au fait que l'axe principal soit maintenant l'axe vertical, alors la propriété ***justify-content*** va aligner les contenus suivant cet axe vertical. Nous avons dit précédemment que la valeur par défaut de la propriété ***justify-content*** est la valeur ***flex-start***. Ici cette valeur fera débuter les contenus suivant le bord haut de leur conteneur.

```
#conteneur {
        display: flex;
        flex-direction: column;
        justify-content: flex-start;
        background-color: #ccc;
        height: 300px;
}
```

Voici le résultat dans un navigateur :

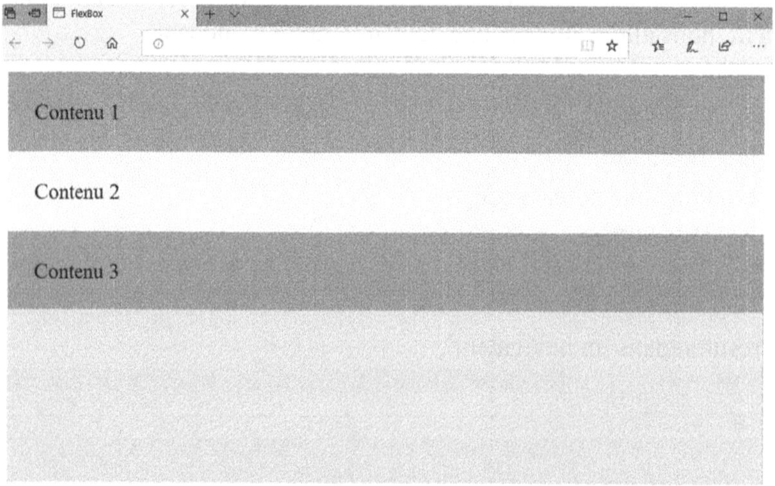

Figure 11-10 : On donne la valeur flex-start à la propriété justify-content

Le résultat est identique au résultat de la *figure 11-9*, puisque la valeur ***flex-start*** est la valeur par défaut de la propriété ***justify-content***.
Si nous reprenons la valeur ***flex-end*** que nous avons vu précédemment et que nous la donnons à la propriété ***justify-content*** alors les contenus débuteront sur le bord bas de leur conteneur.

```
#conteneur {
        display: flex;
        flex-direction: column;
        justify-content: flex-end;
        background-color: #ccc;
```

```
	height: 300px;
}
```

Voici le résultat dans un navigateur :

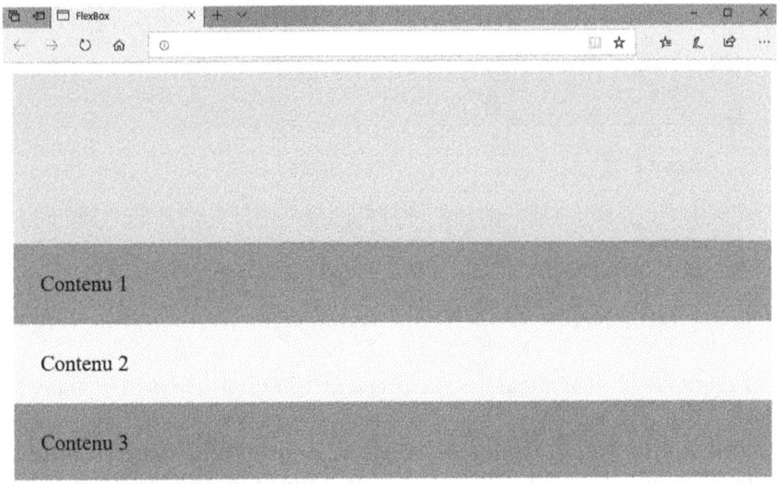

Figure 11-11 : On donne la valeur flex-end à la propriété justify-content

De la même façon, si nous voulons centrer les contenus suivant leur axe principal qui est l'axe vertical, alors nous donnons la valeur ***center*** à la propriété ***justify-content***.

```
#conteneur {
	display: flex;
	flex-direction: column;
	justify-content: center;
	background-color: #ccc;
	height: 300px;
}
```

Voici le résultat dans un navigateur :

Figure 11-12 : On donne la valeur center à la propriété justify-content

Si nous donnons la valeur ***space-between*** à la propriété ***justify-content*** alors la première boîte sera calée en haut de son conteneur et la dernière boîte sera calée en bas de son conteneur. Quant aux autres boîtes, elles seront espacées par une valeur constante.

```
#conteneur {
	display: flex;
	flex-direction: column;
	justify-content: space-between;
	background-color: #ccc;
	height: 300px;
}
```

Voici le résultat dans un navigateur :

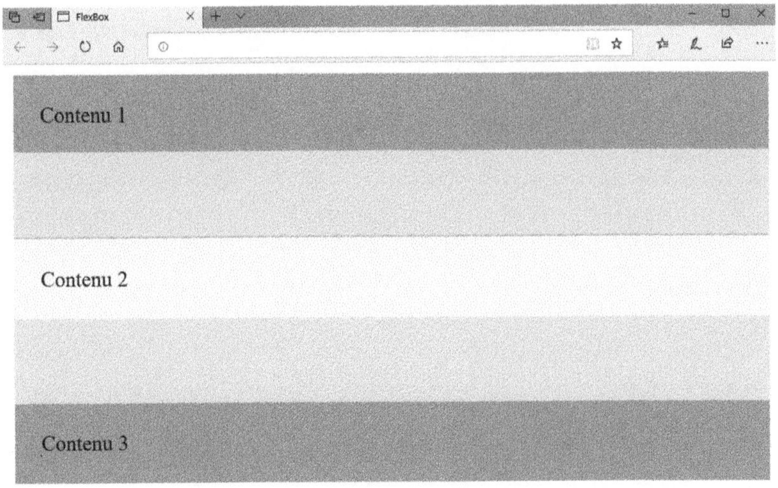

Figure 11-13 : On donne la valeur space-between à la propriété justify-content

Et enfin, si nous donnons la valeur ***space-around*** à la propriété ***justify-content***, alors nos différents contenus seront espacés d'une même valeur et le contenu le plus haut sera espacé de la moitié de cette valeur d'espacement avec le bord haut de son conteneur. Il en va de même pour le contenu le plus bas.

```
#conteneur {
	display: flex;
	flex-direction: column;
	justify-content: space-around;
	background-color: #ccc;
	height: 300px;
}
```

Voici le résultat dans un navigateur :

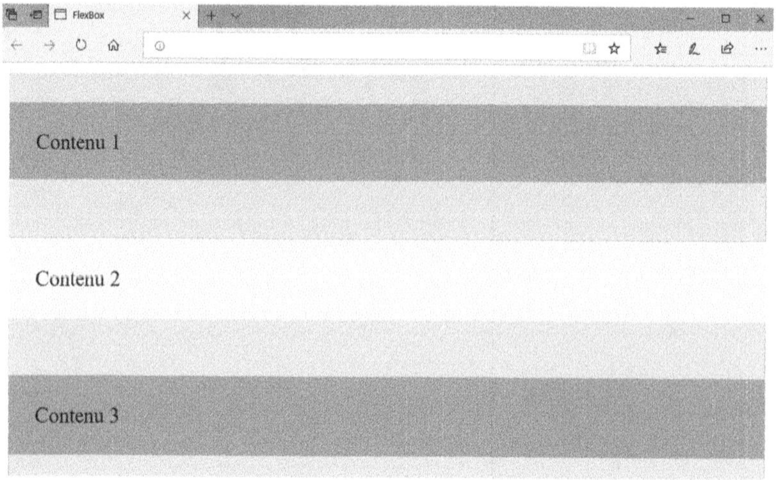

Figure 11-14 : On donne la valeur space-around à la propriété justify-content

11.5. Récapitulatif de ce que nous savons

Nous savons qu'il existe avec la technologie ***flexbox***, un axe principal et un axe secondaire. Ces deux axes sont définis par la propriété ***flex-direction***. Si la propriété ***flex-direction*** a pour valeur ***row***, alors l'axe principal sera l'axe horizontal. Il est à préciser que la valeur ***row*** est la valeur par défaut. Cela signifie que si la propriété ***flex-direction*** n'est pas déclarée, alors l'axe principal sera l'axe horizontal.

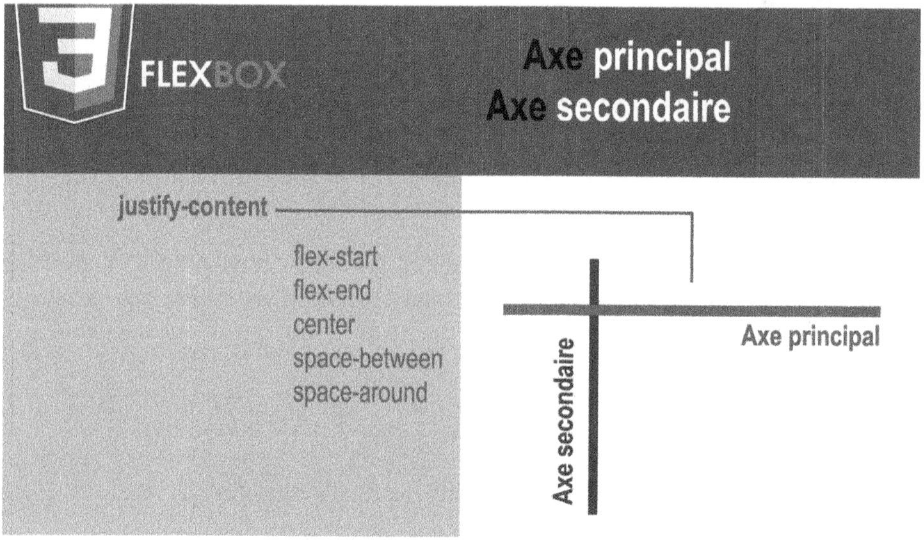

Figure 11-15 : L'axe principal est l'axe horizontal

Si la propriété ***flex-direction*** a pour valeur ***column***, alors l'axe principal sera l'axe vertical. Le fait d'avoir défini un axe principal nous permet de pouvoir aligner les contenus le long de cet axe, grâce à la propriété ***justify-content***.

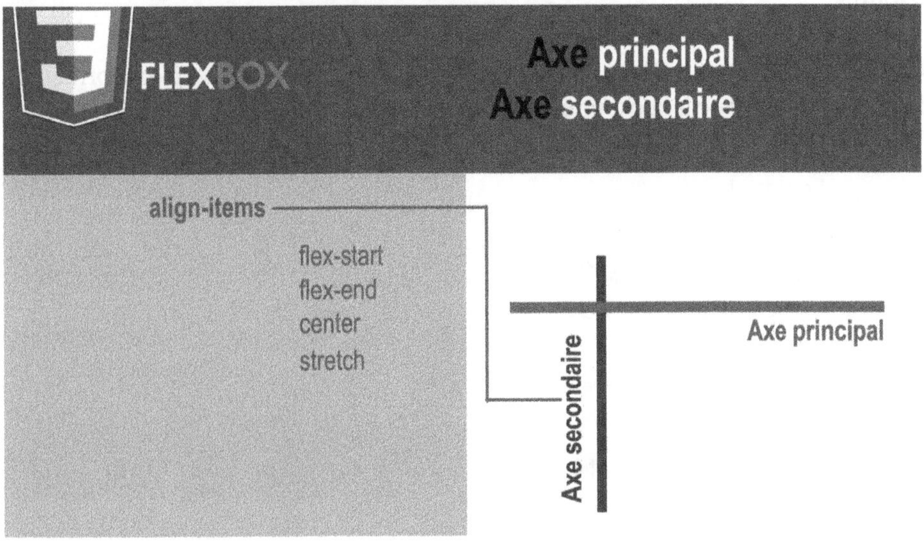

Figure 11-16 : L'axe secondaire est l'axe vertical

Le fait d'avoir défini un axe secondaire nous permet de pouvoir aligner les contenus le long de cet axe, grâce à la propriété ***align-items.*** C'est ce que nous allons voir à présent.

11.6. Alignement sur l'axe secondaire

Nous allons reprendre le même code HTML que précédemment.

```
<!doctype html>
<html>
<head>
<meta charset="utf-8">
<title>FlexBox</title>
<link rel="stylesheet" href="style.css" />
</head>
<body>
<div id="conteneur">
        <div class="contenu1">Contenu 1</div>
        <div class="contenu2">Contenu 2</div>
        <div class="contenu3">Contenu 3</div>
```

```
</div>
</body>
</html>
```

Au niveau CSS, nous allons centrer les contenus le long de leur axe principal et donner la valeur ***row*** à la propriété ***flex-direction***

```
#conteneur {
        display: flex;
        flex-direction: row;
        justify-content: center;
        background-color: #ccc;
        height: 200px;
}
.contenu1 {
        background-color: #f9f;
        padding: 20px;
}
.contenu2 {
        background-color: #ff3;
        padding: 20px;
}
.contenu3 {
        background-color: #366;
        padding: 20px;
}
```

Voici le résultat obtenu dans un navigateur :

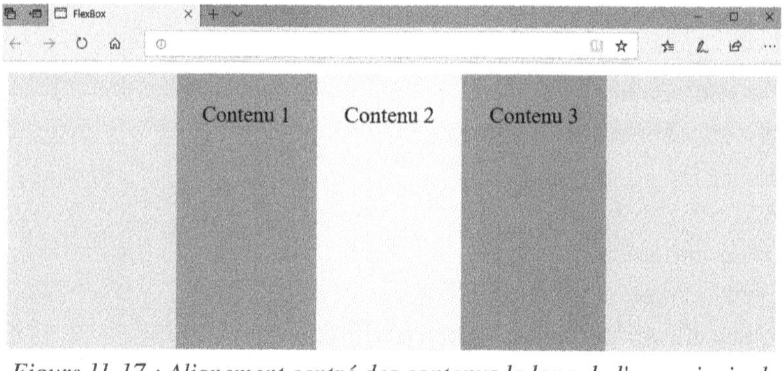

Figure 11-17 : Alignement centré des contenus le long de l'axe principal

Concernant la hauteur des contenus, nous pouvons constater que celle-ci prend toute la hauteur disponible. Dans notre code CSS, nous avons donné une hauteur à notre conteneur. Nous lui avons donné une hauteur de 300 pixels. Et bien par défaut, les contenus occupent toute cette hauteur. Cette hauteur définie l'axe secondaire.
Précédemment nous avons vu qu'il existe une propriété CSS qui nous permet de positionner les contenus le long de leur axe secondaire. Cette propriété se nomme ***align-items***. Nous pouvons donc déjà conclure que sa valeur par défaut permet aux contenus d'occuper tout l'espace disponible de l'axe secondaire. Cette valeur porte le nom de ***stretch***. Ajoutons cette nouvelle propriété au code CSS de notre conteneur.

```
#conteneur {
        display: flex;
        flex-direction: row;
        justify-content: center;
        align-items: stretch;
        background-color: #ccc;
        height: 300px;
}
```

Nous constatons que le résultat obtenu reste inchangé :

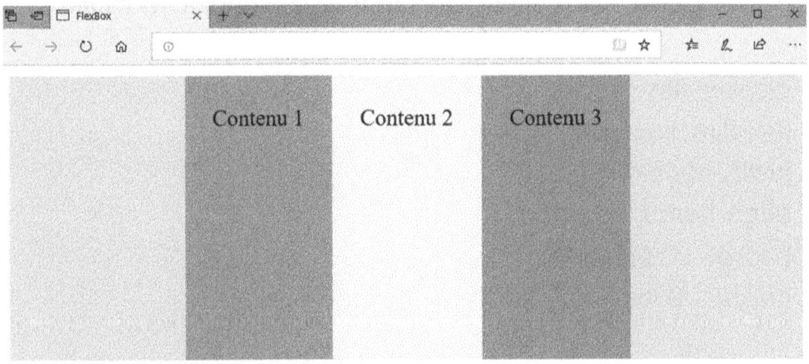

Figure 11-18 : On donne la valeur stretch à la propriété align-items

Une autre valeur que nous pouvons donner à la propriété ***align-items*** est la valeur ***flex-start***. Nous avons déjà étudié cette valeur avec la propriété ***justify-content***. Elle va nous donner exactement le même résultat mais cette fois le long de l'axe secondaire. Le fait de ne plus avoir la valeur par défaut ***stretch*** fera que les contenus auront pour hauteur ce qu'ils contiennent.

```
#conteneur {
        display: flex;
        flex-direction: row;
```

```
        justify-content: center;
        align-items: flex-start;
        background-color: #ccc;
        height: 200px;
}
```

Voici le résultat obtenu dans un navigateur :

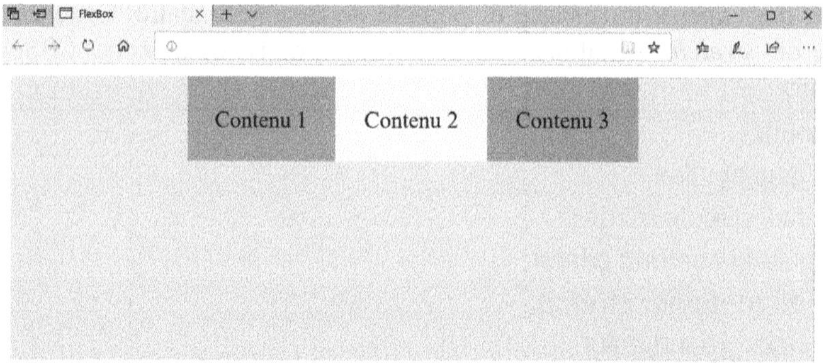

Figure 11-19 : On donne la valeur flex-start à la propriété align-items

La valeur ***flex-start*** nous permet de faire débuter les contenus en haut de l'axe secondaire qui ici est l'axe vertical. Si nous voulons faire débuter les contenus en bas de l'axe secondaire, nous allons alors utiliser la propriété ***flex-end***.

```
#conteneur {
        display: flex;
        flex-direction: row;
        justify-content: center;
        align-items: flex-end;
        background-color: #ccc;
        height: 200px;
}
```

Voici le résultat obtenu dans un navigateur :

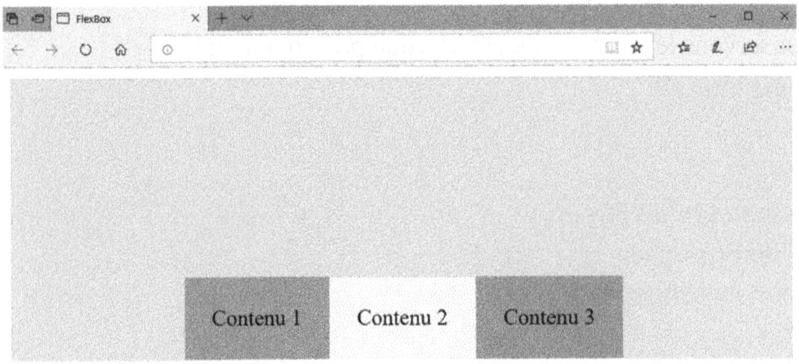

Figure 11-20 : On donne la valeur flex-end à la propriété align-items

Si nous voulons centrer nos contenus le long de leur axe secondaire, il nous suffit simplement de donner la valeur ***center*** à la propriété ***align-items***.

```
#conteneur {
	display: flex;
	flex-direction: row;
	justify-content: center;
	align-items: center;
	background-color: #ccc;
	height: 200px;
}
```

Voici le résultat obtenu dans un navigateur :

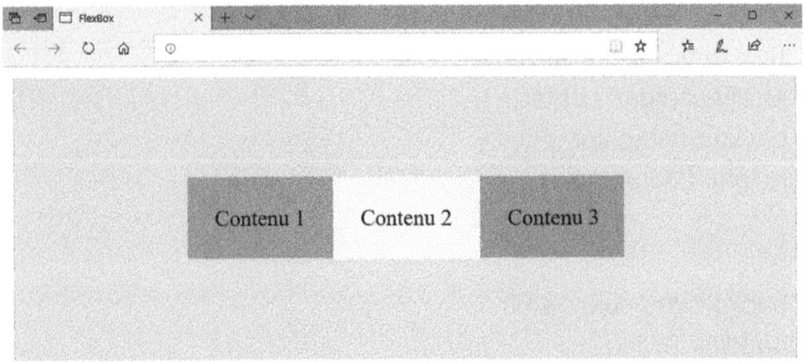

Figure 11-21 : On donne la valeur center à la propriété align-items

11.7. Inversion de l'axe principal

Nous conservons le même code HTML que précédemment.

```
<!doctype html>
<html>
<head>
<meta charset="utf-8">
<title>FlexBox</title>
<link rel="stylesheet" href="style.css" />
</head>
<body>
<div id="conteneur">
	<div class="contenu1">Contenu 1</div>
	<div class="contenu2">Contenu 2</div>
	<div class="contenu3">Contenu 3</div>
</div>
</body>
</html>
```

Concernant le code CSS, nous allons modifier la valeur de la propriété ***flex-direction*** en lui donnant la valeur ***column***, de façon à modifier l'axe principal. Ainsi l'axe vertical deviendra l'axe principal et l'axe horizontal deviendra l'axe secondaire. Nous demanderons à centrer les contenus suivant leur axe principal.

```
#conteneur {
	display: flex;
	flex-direction: column;
	justify-content: center;
	background-color: #ccc;
	height: 200px;
}
.contenu1 {
	background-color: #f9f;
	padding: 20px;
}
.contenu2 {
	background-color: #ff3;
	padding: 20px;
}
```

```
.contenu3 {
        background-color: #366;
        padding: 20px;
}
```

Voici le résultat obtenu dans un navigateur :

Figure 11-22 : On donne la valeur center à la propriété justify-content

Les contenus se retrouvent bien centrés par rapport à l'axe principal qui est l'axe vertical, et ils ont un comportement de type ***stretch*** suivant l'axe secondaire qui est l'axe horizontal. La valeur ***stretch*** étant la valeur par défaut de la propriété ***align-items***.

```
#conteneur {
        display: flex;
        flex-direction: column;
        justify-content: center;
        align-item: stretch;
        background-color: #ccc;
        height: 200px;
}
```

Le résultat obtenu sera équivalent au résultat précédemment obtenu :

Figure 11-23 : On donne la valeur stretch à la propriété align-items

En donnant la valeur ***flex-start*** à la propriété ***align-items***, les contenus vont se retrouver calés à gauche de leur axe secondaire et par là-même ils perdront leur valeur ***stretch*** et donc ils auront pour largeur ce qu'ils possèdent.

```
#conteneur {
        display: flex;
        flex-direction: column;
        justify-content: center;
        align-items: flex-start;
        background-color: #ccc;
        height: 200px;
}
```

Voici le résultat obtenu dans un navigateur

Figure 11-24 : On donne la valeur flex-start à la propriété align-items

Et pour caler les contenus à la fin de l'axe secondaire qui est l'axe horizontal, nous donnons la valeur ***flex-end*** à la propriété ***align-items***.

```
#conteneur {
        display: flex;
        flex-direction: column;
        justify-content: center;
        align-items: flex-end;
        background-color: #ccc;
        height: 200px;
}
```

Voici le résultat obtenu dans un navigateur

Figure 11-25 : On donne la valeur flex-end à la propriété align-items

Si nous voulons centrer les contenus selon leur axe secondaire, il nous suffit de donner la valeur ***center*** à la propriété ***align-items***.

```
#conteneur {
        display: flex;
        flex-direction: column;
        justify-content: center;
        align-items: center;
        background-color: #ccc;
        height: 200px;
}
```

Voici le résultat obtenu dans un navigateur :

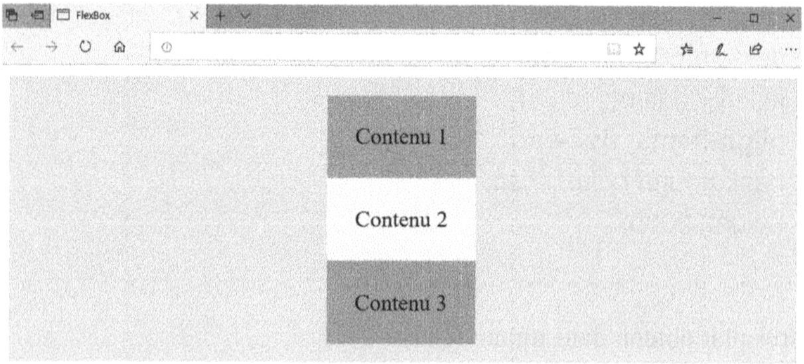

Figure 11-26 : On donne la valeur center à la propriété align-items

11.8. Alignement d'un contenu particulier

Reprenons le même code HTML que précédemment.

```
<!doctype html>
<html>
<head>
<meta charset="utf-8">
<title>FlexBox</title>
<link rel="stylesheet" href="style.css" />
</head>
<body>
<div id="conteneur">
        <div class="contenu1">Contenu 1</div>
        <div class="contenu2">Contenu 2</div>
        <div class="contenu3">Contenu 3</div>
</div>
</body>
</html>
```

Au niveau CSS, nous reprenons là aussi le même code que précédemment et nous donnons la valeur ***flex-start*** à la propriété ***align-items*** qui gère l'alignement de l'axe secondaire. L'axe secondaire étant ici l'axe horizontal.

```
#conteneur {
        display: flex;
        flex-direction: column;
```

```
        justify-content: center;
        align-items: flex-start;
        background-color: #ccc;
        height: 200px;
}
.contenu1 {
        background-color: #f9f;
        padding: 20px;
}
.contenu2 {
        background-color: #ff3;
        padding: 20px;
}
.contenu3 {
        background-color: #366;
        padding: 20px;
}
```

Voici le résultat de ce code dans un navigateur :

Figure 11-27 : Les contenus sont calés au début de l'axe secondaire

Nous allons à présent voir comment modifier l'alignement d'un contenu en particulier, sans toucher à l'alignement des autres contenus. Par exemple, nous allons demander au contenu 2 de s'afficher à la fin de l'axe secondaire, pendant que les contenus 1 et 3 restent alignés au début de l'axe secondaire. Pour cela nous avons à notre disposition la propriété ***align-self***. Cette propriété n'est pas à placer dans les propriétés CSS du conteneur, mais dans les propriétés CSS du contenu que l'on souhaite déplacer. Ici nous avons dit que nous souhaitons déplacer le contenu 2, alors c'est à lui que nous allons donner la propriété ***align-self***. Et comme nous souhaitons que ce contenu se retrouve à la fin de l'axe secondaire, alors nous lui donnons la valeur ***flex-end***.

```
#conteneur {
        display: flex;
        flex-direction: column;
        justify-content: center;
        align-items: flex-start;
        background-color: #ccc;
        height: 200px;
}
.contenu1 {
        background-color: #f9f;
        padding: 20px;
}
.contenu2 {
        background-color: #ff3;
        padding: 20px;
        align-self: flex-end;
}
.contenu3 {
        background-color: #366;
        padding: 20px;
}
```

Voici le résultat de ce code dans un navigateur :

Figure 11-28 : Le contenu 2 est calé à la fin de l'axe secondaire

Ce qu'il faut savoir sur cette propriété ***align-self***, c'est qu'elle prend les mêmes valeurs que celles que nous pouvons donner à la propriété ***align-items***. A savoir, la valeur ***flex-start***, la valeur ***flex-end***, la valeur ***center*** ainsi que la valeur ***stretch***.

Il est important également de savoir que la propriété ***align-self*** est prioritaire sur la propriété ***align-items***. Cela signifie que par défaut l'ensemble des contenus vont s'aligner le long de leur axe secondaire comme la propriété CSS ***align-items*** leur a demandé, et un ou plusieurs de ces contenus vont s'aligner suivant leur axe secondaire comme la propriété ***align-self*** leur a demandé, ignorant ainsi la demande par défaut.

Donc, si nous voulons centrer le contenu 2 par rapport à son axe secondaire, alors que l'ensemble des contenus sont calés au début de leur axe secondaire, il nous suffit tout simplement de donner la valeur ***center*** à la propriété ***align-self*** du contenu 2.

```
#conteneur {
        display: flex;
        flex-direction: column;
        justify-content: center;
        align-items: flex-start;
        background-color: #ccc;
        height: 200px;
}
.contenu1 {
        background-color: #f9f;
        padding: 20px;
}
.contenu2 {
        background-color: #ff3;
        padding: 20px;
        align-self: center;
}
.contenu3 {
        background-color: #366;
        padding: 20px;
}
```

Voici le résultat dans un navigateur :

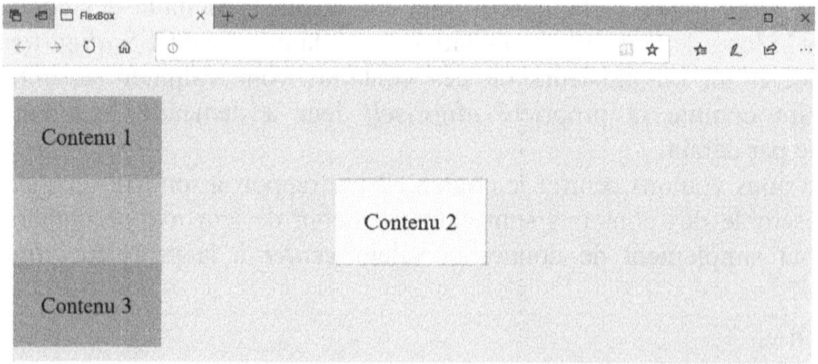

Figure 11-29 : Le contenu2 est centré suivant son axe secondaire

Si nous donnons la valeur ***flex-start*** à la propriété ***align-self*** du contenu 2, alors le contenu 2 se retrouvera au début de son axe secondaire.

```
.contenu2 {
        background-color: #ff3;
        padding: 20px;
        align-self: flex-start;
}
```

Voici le résultat dans un navigateur :

Figure 11-30 : Le contenu2 est calé au début de l'axe secondaire

Et si nous voulons que le contenu 2 occupe toute la largeur qui lui est alloué au sein de son conteneur, alors nous donnons la valeur ***stretch*** au contenu 2.

```
.contenu2 {
        background-color: #ff3;
        padding: 20px;
        align-self: stretch;
```

```
}
```

Voici le résultat dans un navigateur :

Figure 11-31 : Le contenu2 occupe toute la largeur de l'axe secondaire

Si nous changeons la direction de la propriété ***flex-direction*** en lui donnant pour valeur ***row***, alors l'axe secondaire devient l'axe vertical et en maintenant tout le reste du code CSS, comme ceci

```
#conteneur {
        display: flex;
        flex-direction: row;
        justify-content: center;
        align-items: flex-start;
        background-color: #ccc;
        height: 200px;
}
.contenu1 {
        background-color: #f9f;
        padding: 20px;
}
.contenu2 {
        background-color: #ff3;
        padding: 20px;
        align-self: stretch;
}
.contenu3 {
        background-color: #366;
        padding: 20px;
}
```

Voici le résultat dans un navigateur :

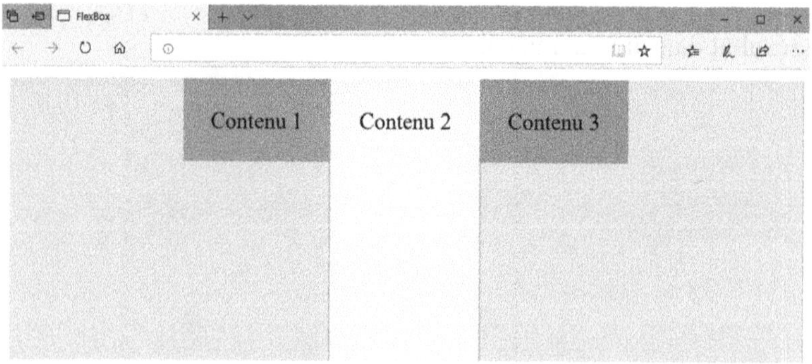

Figure 11-32 : Inversion de la direction

Pour terminer sur ce sujet, nous pouvons demander que le contenu 2 soit en bas de son axe secondaire et que le contenu 3 se retrouve centré suivant son axe secondaire.

```
#conteneur {
        display: flex;
        flex-direction: row;
        justify-content: center;
        align-items: flex-start;
        background-color: #ccc;
        height: 200px;
}
.contenu1 {
        background-color: #f9f;
        padding: 20px;
}
.contenu2 {
        background-color: #ff3;
        padding: 20px;
        align-self: flex-end;
}
.contenu3 {
        background-color: #366;
        padding: 20px;
        align-self: center;
}
```

Voici le résultat dans un navigateur :

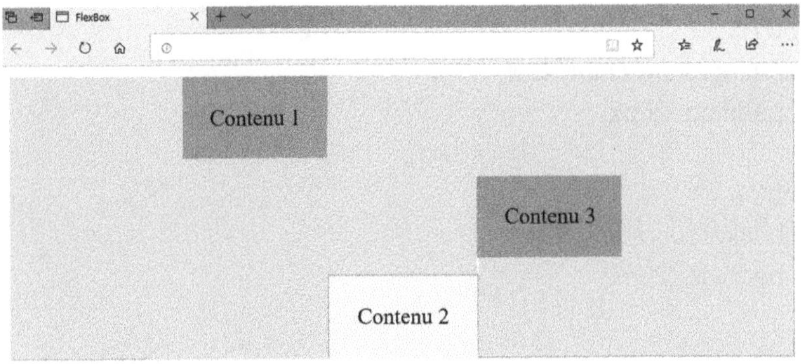

Figure 11-33 : Contenu 2 positionné en bas et contenu3 centré

11.9. Alignement de plusieurs lignes ou colonnes

Reprenons le même code HTML que précédemment.

```
<!doctype html>
<html>
<head>
<meta charset="utf-8">
<title>FlexBox</title>
<link rel="stylesheet" href="style.css" />
</head>
<body>
<div id="conteneur">
	<div class="contenu1">Contenu 1</div>
	<div class="contenu2">Contenu 2</div>
	<div class="contenu3">Contenu 3</div>
</div>
</body>
</html>
```

Concernant le CSS, nous maintenons une direction en ligne uniquement.

```
#conteneur {
	display: flex;
	flex-direction: row;
	background-color: #ccc;
	height: 200px;
```

```
}
.contenu1 {
        background-color: #f9f;
        padding: 20px;
}
.contenu2 {
        background-color: #ff3;
        padding: 20px;
}
.contenu3 {
        background-color: #366;
        padding: 20px;
}
```

Voici le résultat dans un navigateur :

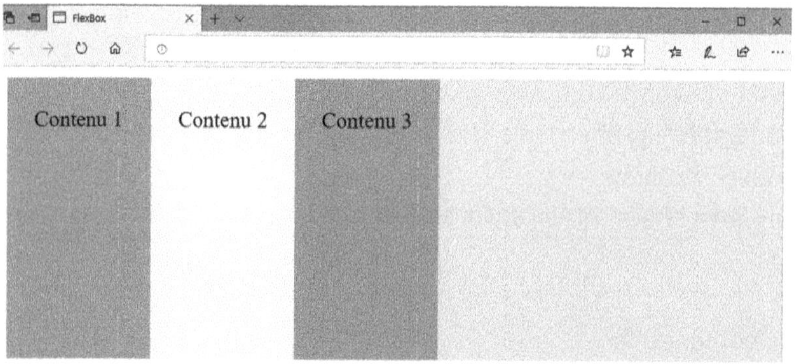

Figure 11-34 : Direction des contenus en ligne

Nous allons à présent dupliquer trois fois, les contenus au niveau HTML

```
<!doctype html>
<html>
<head>
<meta charset="utf-8">
<title>FlexBox</title>
<link rel="stylesheet" href="style.css" />
</head>
<body>
<div id="conteneur">
        <div class="contenu1">Contenu 1</div>
```

```
        <div class="contenu2">Contenu 2</div>
        <div class="contenu3">Contenu 3</div>
        <div class="contenu1">Contenu 1</div>
        <div class="contenu2">Contenu 2</div>
        <div class="contenu3">Contenu 3</div>
        <div class="contenu1">Contenu 1</div>
        <div class="contenu2">Contenu 2</div>
        <div class="contenu3">Contenu 3</div>
</div>
</body>
</html>
```

Nous ne touchons pas au code CSS, voici ce que nous obtenons dans un navigateur

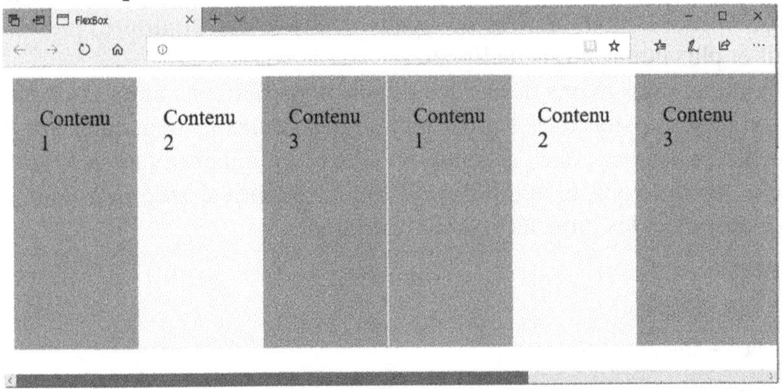

Figure 11-35 : Duplication des contenus

Par défaut, il n'y a pas de retour à la ligne, les contenus s'affichent les uns à côté des autres. Pour rémédier à ce problème, il nous suffit d'écrire la propriété ***flex-wrap*** et de lui donner pour valeur ***wrap***. Cette propriété est à écrire dans les propriétés CSS du conteneur.

```
#conteneur {
        display: flex;
        flex-direction: row;
        flex-wrap: wrap;
        background-color: #ccc;
        height: 200px;
}
```

Voici le résultat dans un navigateur :

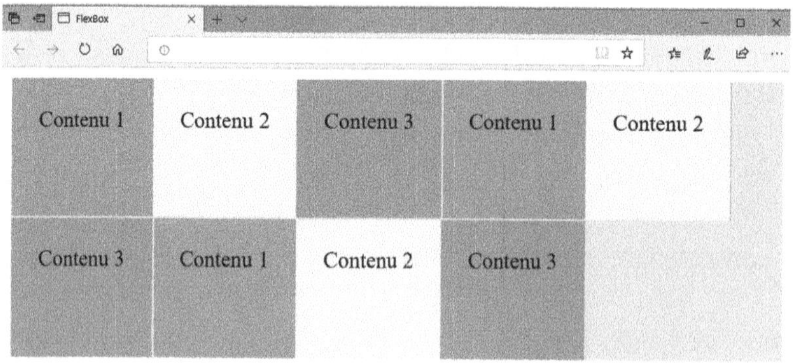

Figure 11-36 : Mise en place d'un retour à la ligne

Les contenus reviennent à la ligne selon la largeur de leur contenu. Plus le contenu sera large et moins nous aurons de lignes. Dans le cas contraire, plus le contenu sera petit et plus nous aurons de lignes.

Maintenant que nous avons défini des lignes, nous pouvons alors intervenir sur ces lignes afin de les positionner. Par exemple, nous pourrions demander que ces lignes soient centrées suivant l'axe secondaire. L'axe secondaire étant ici l'axe vertical. Pour cela, nous avons à notre disposition la propriété ***align-content*** que nous devons placer dans les propriétés CSS du conteneur.

```
#conteneur {
	display: flex;
	flex-direction: row;
	flex-wrap: wrap;
	align-content: center;
	background-color: #ccc;
	height: 200px;
}
.contenu1 {
	background-color: #f9f;
	padding: 20px;
}
.contenu2 {
	background-color: #ff3;
	padding: 20px;
}
.contenu3 {
	background-color: #366;
```

```
    padding: 20px;
}
```

Voici le résultat dans un navigateur :

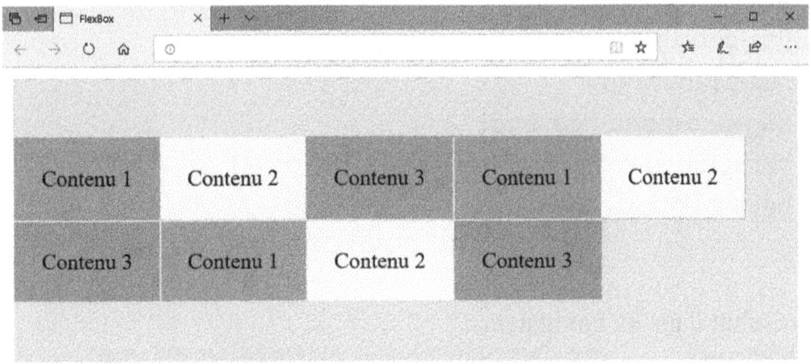

Figure 11-37 : Alignement des lignes centrées selon l'axe secondaire

Si nous souhaitons caler les lignes en haut de leur axe secondaire, il nous suffit tout simplement de donner la valeur ***flex-start*** à la propriété ***align-content***.

```
#conteneur {
    display: flex;
    flex-direction: row;
    flex-wrap: wrap;
    align-content: flex-start;
    background-color: #ccc;
    height: 200px;
}
```

Voici le résultat dans un navigateur :

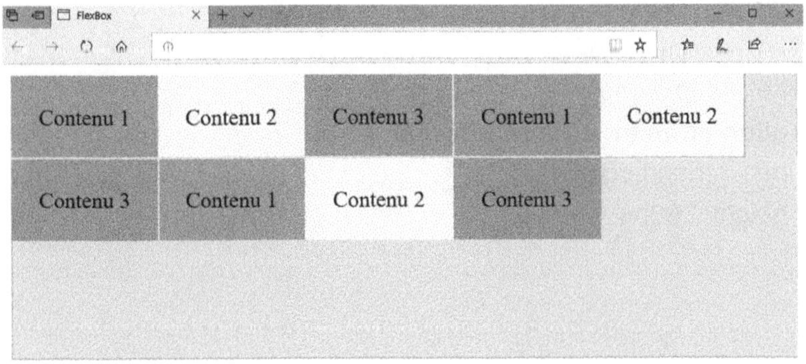

Figure 11-38 : Alignement des lignes en haut de l'axe secondaire

Si nous souhaitons caler les lignes en bas de leur axe secondaire, il nous suffit tout simplement de donner la valeur ***flex-end*** à la propriété ***align-content***.

```
#conteneur {
        display: flex;
        flex-direction: row;
        flex-wrap: wrap;
        align-content: flex-end;
        background-color: #ccc;
        height: 200px;
}
```

Voici le résultat dans un navigateur :

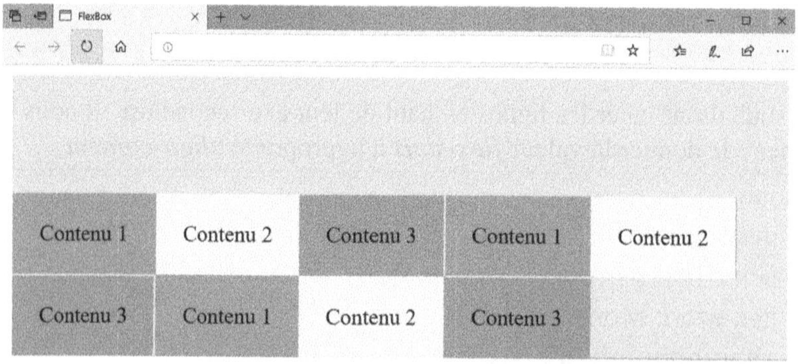

Figure 11-39 : Alignement des lignes en bas de l'axe secondaire

Nous pouvons également positionner nos lignes en utilisant les valeurs ***space-between*** et ***space-around***.

```
#conteneur {
        display: flex;
        flex-direction: row;
        flex-wrap: wrap;
        align-content: space-between;
        background-color: #ccc;
        height: 200px;
}
```

Voici le résultat dans un navigateur

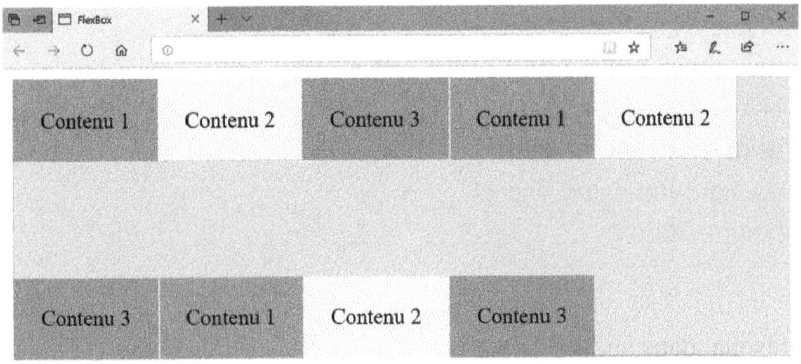

Figure 11-40 : Alignement des lignes en space-between

Cette fois en utilisant la valeur ***space-around***.

```
#conteneur {
        display: flex;
        flex-direction: row;
        flex-wrap: wrap;
        align-content: space-around;
        background-color: #ccc;
        height: 200px;
}
```

Voici le résultat dans un navigateur :

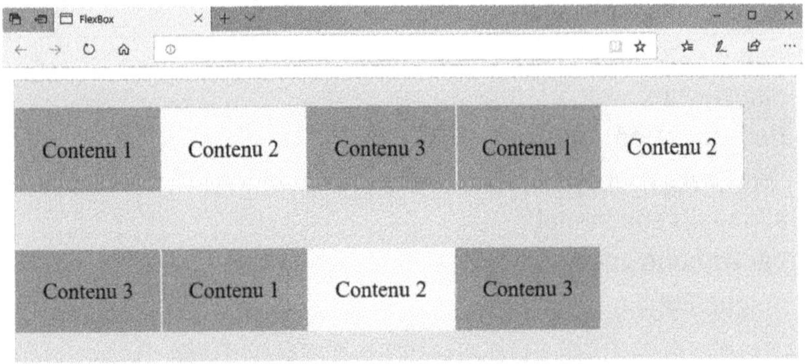

Figure 11-41 : Alignement des lignes en space-around

Et pour terminer sur la propriété ***align-content***, nous pouvons lui donner la valeur ***stretch*** qui est la valeur par défaut.

```
#conteneur {
        display: flex;
        flex-direction: row;
        flex-wrap: wrap;
        align-content: stretch;
        background-color: #ccc;
        height: 200px;
}
```

Voici le résultat dans un navigateur :

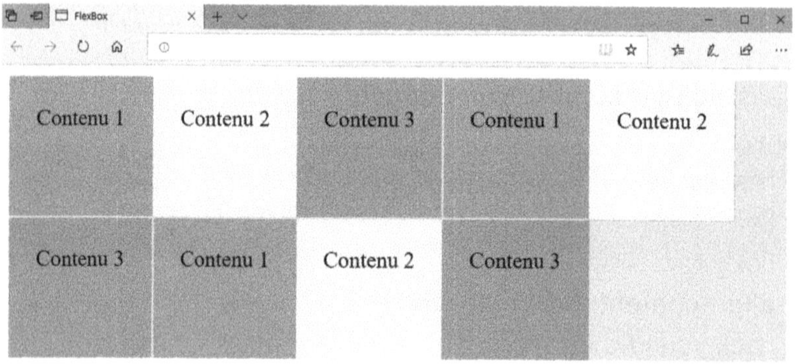

Figure 11-42 : Alignement des lignes en stretch

Bien entendu, nous pouvons là-aussi modifier la direction de nos contenus et de ce fait modifier l'axe secondaire. Si nous donnons la direction en colonne, alors l'axe secondaire sera l'axe horizontal.

```
#conteneur {
        display: flex;
        flex-direction: column;
        flex-wrap: wrap;
        align-content: stretch;
        background-color: #ccc;
        height: 200px;
}
.contenu1 {
        background-color: #f9f;
        padding: 20px;
}
.contenu2 {
```

```
        background-color: #ff3;
        padding: 20px;
}
.contenu3 {
        background-color: #366;
        padding: 20px;
}
```

Voici le résultat dans un navigateur :

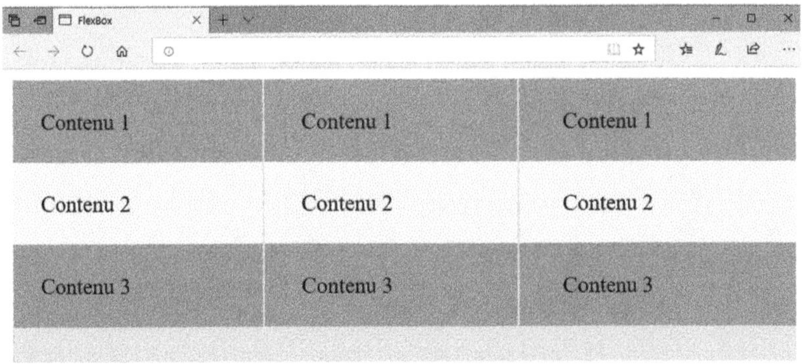

Figure 11-43 : Alignement en colonne

11.10. Conclusion

Nous venons d'apprendre à positionner n'importe quel contenu au sein de son conteneur. Les alignements de contenu se font dans tous les sens. Il suffit simplement de définir la direction de départ et ensuite il nous est facile de positionner un ou plusieurs contenus, grâce aux nouvelles propriétés CSS que nous venons de découvrir.

Chapitre 12

Manipulation des contenus

12.1. Gérer les ordres d'affichage

Nous allons voir ici la propriété ***order***. Cette propriété CSS est extrêmement puissante car elle va nous permettre de pouvoir déplacer des contenus sans pour autant toucher au code HTML.
Ecrivons notre fichier HTML en donnant trois boîtes à un conteneur. Ces trois boîtes seront nommées contenu 1, contenu 2 et contenu 3, comme nous l'avons fait précédemment.

```
<!doctype html>
<html>
<head>
<meta charset="utf-8">
<title>FlexBox</title>
<link rel="stylesheet" href="style.css" />
</head>
<body>
<div id="conteneur">
	<div class="contenu1">Contenu 1</div>
	<div class="contenu2">Contenu 2</div>
	<div class="contenu3">Contenu 3</div>
</div>
</body>
</html>
```

Au niveau du code CSS, nous demandons simplement un affichage en ligne.

```
#conteneur {
	display: flex;
	flex-direction: row;
	background-color: #ccc;
	height: 200px;
}
.contenu1 {
	background-color: #f9f;
	padding: 20px;
```

```
}
.contenu2 {
        background-color: #ff3;
        padding: 20px;
}
.contenu3 {
        background-color: #366;
        padding: 20px;
}
```

Voici le résultat dans un navigateur :

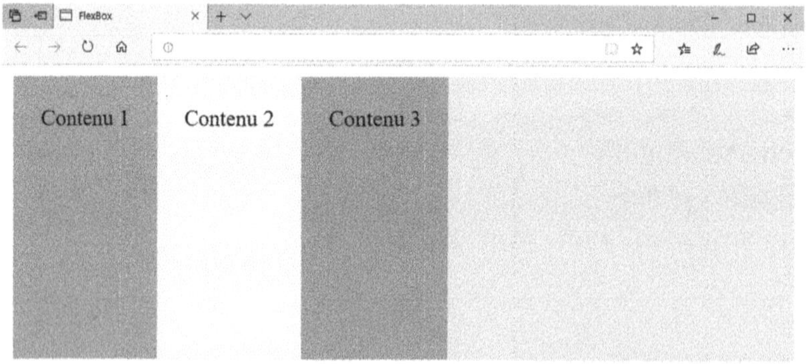

Figure 12-1 : Alignement horizontal des contenus

Nous souhaitons à présent placer le contenu 2 en premier, avant le contenu 1. Outre le fait de pouvoir le modifier en HTML, en utilisant la propriété ***order***, nous allons pouvoir positionner les contenus dans n'importe quel ordre. Cette propriété sera à placer dans les propriétés CSS du contenu que l'on souhaite déplacer. Il suffit ensuite de donner un chiffre en valeur de cette propriété. Plus ce chiffre sera petit et plus le contenu sera prioritaire par rapport aux autres contenus. La valeur par défaut de la propriété ***order*** est la valeur 0.

```
#conteneur {
        display: flex;
        flex-direction: row;
        background-color: #ccc;
        height: 200px;
}
.contenu1 {
        background-color: #f9f;
        padding: 20px;
```

```
}
.contenu2 {
        background-color: #ff3;
        padding: 20px;
        order: -1;
}
.contenu3 {
        background-color: #366;
        padding: 20px;
}
```

Voici le résultat dans un navigateur :

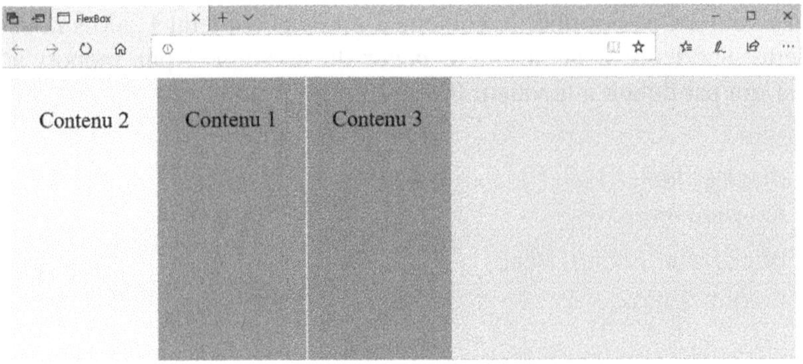

Figure 12-2 : Le contenu 2 passe devant le contenu1

Les valeurs que nous pouvons donner à la propriété ***order*** peuvent être des valeurs positives ou bien des valeurs négatives. Ce seront systématiquement des valeurs entières.
Si nous souhaitons positionner le contenu 3 avant le contenu 2, alors nous donnons une valeur inférieure à la propriété ***order*** du contenu 3.

```
.contenu3 {
        background-color: #366;
        padding: 20px;
        order: -2;
}
```

Voici le résultat dans un navigateur :

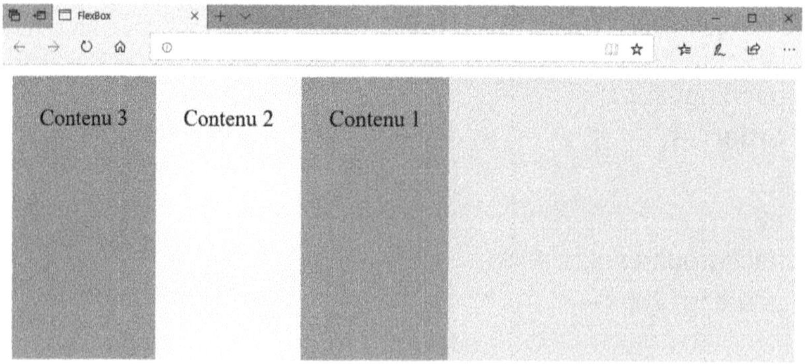

Figure 12-3 : Le contenu 3 passe devant le contenu 2

Et si nous voulons positionner le contenu 2 après la contenu 1, alors nous donnons une valeur supérieure à la propriété ***order*** du contenu 2 par rapport à celle du contenu 1 qui par défaut a la valeur 0.

```
#conteneur {
	display: flex;
	flex-direction: row;
	background-color: #ccc;
	height: 200px;
}
.contenu1 {
	background-color: #f9f;
	padding: 20px;
}
.contenu2 {
	background-color: #ff3;
	padding: 20px;
	order: 1;
}
.contenu3 {
	background-color: #366;
	padding: 20px;
	order: -2;
}
```

Voici le résultat dans un navigateur

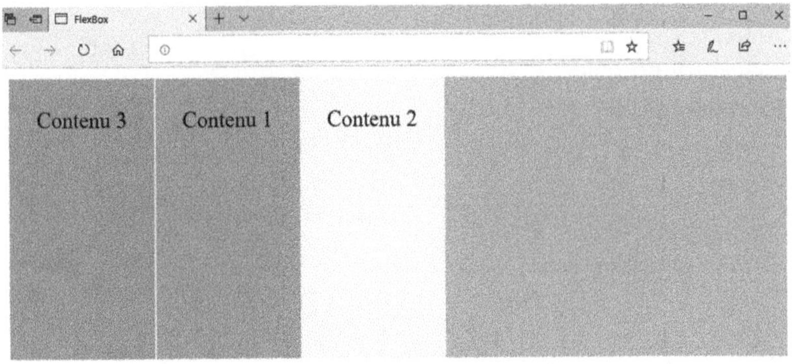

Figure 12-4 : Le contenu 2 passe après le contenu 1

12.2. Augmenter la largeur d'un contenu

Nous allons voir comment nous pouvons gérer la largeur d'un contenu. Par défaut, la largeur d'un contenu dépend de ce que contient le contenu.
Voici notre fichier HTML

```
<!doctype html>
<html>
<head>
<meta charset="utf-8">
<title>FlexBox</title>
<link rel="stylesheet" href="style.css" />
</head>
<body>
<div id="conteneur">
        <div class="contenu1">Contenu 1</div>
        <div class="contenu2">Contenu 2</div>
        <div class="contenu3">Contenu 3</div>
</div>
</body>
</html>
```

Et voici notre fichier CSS

```
#conteneur {
        display: flex;
        background-color: #ccc;
        height: 200px;
```

```
}
.contenu1 {
        background-color: #f9f;
        padding: 20px;
}
.contenu2 {
        background-color: #ff3;
        padding: 20px;
}
.contenu3 {
        background-color: #366;
        padding: 20px;
}
```

Voici le résultat de ce code dans un navigateur :

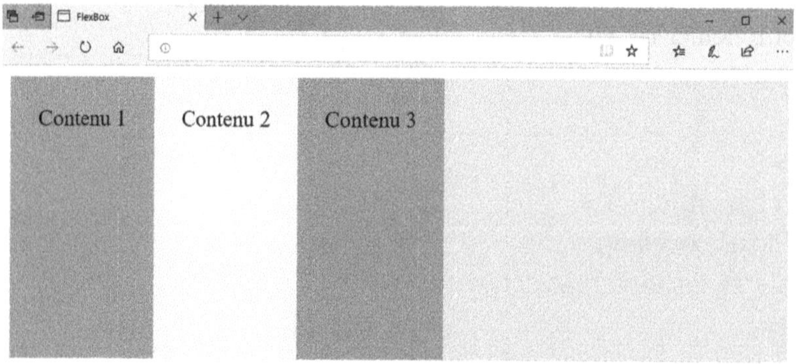

Figure 12-5 : Les contenus occupent leur propre largeur

Si nous souhaitons que le contenu 1 ait une largeur plus grande que celle qu'il a par défaut, alors nous pouvons lui donner la propriété ***flex-grow***. Cette propriété a pour valeur par défaut la valeur 0. En lui donnant la valeur 2, alors le contenu 1 occupera au minimum deux fois plus de largeur que les autres contenus.

```
#conteneur {
        display: flex;
        background-color: #ccc;
        height: 200px;
}
.contenu1 {
        background-color: #f9f;
        padding: 20px;
```

```
        flex-grow: 2;
}
.contenu2 {
        background-color: #ff3;
        padding: 20px;
}
.contenu3 {
        background-color: #366;
        padding: 20px;
}
```

Voici le résultat dans un navigateur :

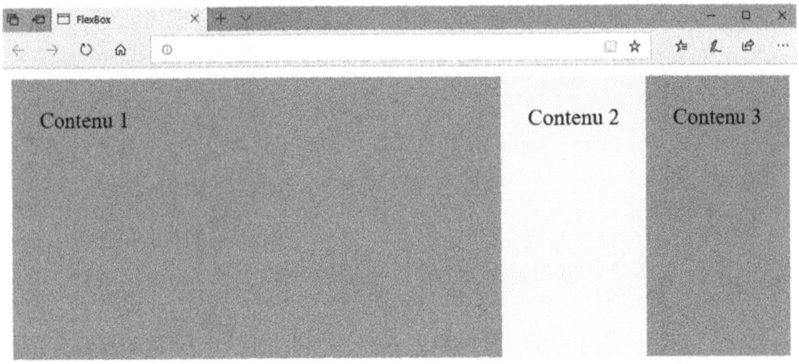

Figure 12-6 : Le contenu 1 occupe toute la largeur restante

Si nous donnons la valeur 1 à la propriété ***flex-grow*** de chaque contenu, alors ils occuperont tout l'espace qui leur est alloué, de façon proportionnelle.

```
#conteneur {
        display: flex;
        background-color: #ccc;
        height: 200px;
}
.contenu1 {
        background-color: #f9f;
        padding: 20px;
        flex-grow: 1;
}
.contenu2 {
        background-color: #ff3;
        padding: 20px;
```

```
        flex-grow: 1;
}
.contenu3 {
        background-color: #366;
        padding: 20px;
        flex-grow: 1;
}
```

Voici le résultat obtenu dans un navigateur :

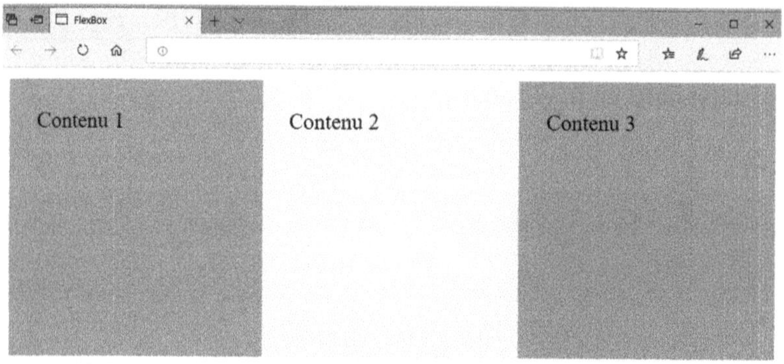

Figure 12-7 : Les contenus occupent tout l'espace de façon proportionnelle

Et cette fois, si nous donnons la valeur 2 à la propriété ***flex-grow*** du contenu 2, alors le contenu 2 occupera deux fois plus d'espace que les autres contenus.

```
#conteneur {
        display: flex;
        background-color: #ccc;
        height: 200px;
}
.contenu1 {
        background-color: #f9f;
        padding: 20px;
        flex-grow: 1;
}
.contenu2 {
        background-color: #ff3;
        padding: 20px;
        flex-grow: 2;
}
```

```
.contenu3 {
        background-color: #366;
        padding: 20px;
        flex-grow: 1;
}
```

Voici le résultat obtenu dans un navigateur :

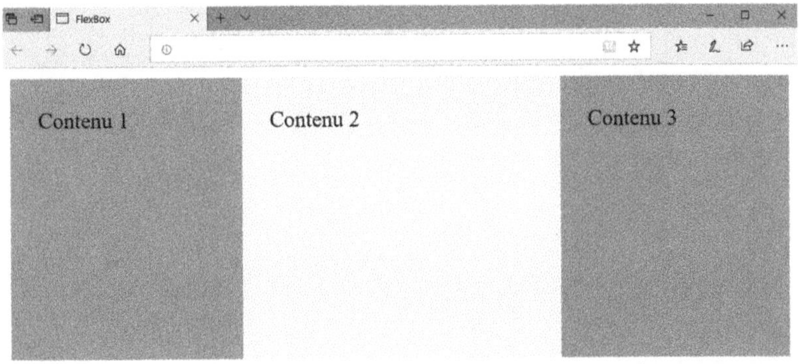

Figure 12-8 : Le contenu 2 occupe deux fois plus d'espace que les autres contenus

12.3. Diminuer ou définir la largeur d'un contenu

Si nous souhaitons diminuer la largeur d'un contenu, nous avons à notre disposition la propriété ***flex-shrink***. Sa valeur par défaut est 1.

Reprenons notre code HTML

```
<!doctype html>
<html>
<head>
<meta charset="utf-8">
<title>FlexBox</title>
<link rel="stylesheet" href="style.css" />
</head>
<body>
<div id="conteneur">
        <div class="contenu1">Contenu 1</div>
   <div class="contenu2">Contenu 2</div>
   <div class="contenu3">Contenu 3</div>
</div>
</body>
</html>
```

Au niveau CSS, donnons la valeur 1 à la propriété ***flex-shrink*** que nous définissons pour nos trois contenus.

```
#conteneur {
        display: flex;
        background-color: #ccc;
        height: 200px;
}
.contenu1 {
        background-color: #f9f;
        padding: 20px;
        flex-shrink: 1;
}
.contenu2 {
        background-color: #ff3;
        padding: 20px;
        flex-shrink: 1;
}
.contenu3 {
        background-color: #366;
        padding: 20px;
        flex-shrink: 1;
}
```

Voici le résultat obtenu dans un navigateur :

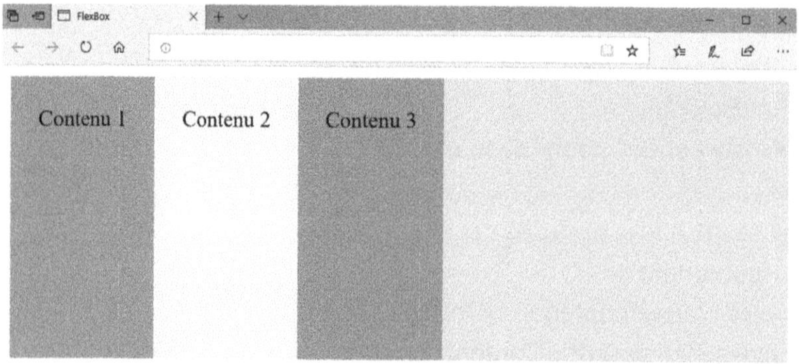

Figure 12-9 : Nous donnons la valeur 1 à flex-shrink de chaque contenu

La propriété ***flex-basis*** va nous permettre de pouvoir donner une valeur de largeur à un contenu. Par exemple, si nous donnons la valeur 0 à la propriété ***flex-basis*** du contenu 3, alors sa largeur sera la plus petite possible.

```
#conteneur {
        display: flex;
        background-color: #ccc;
        height: 200px;
}
.contenu1 {
        background-color: #f9f;
        padding: 20px;
}
.contenu2 {
        background-color: #ff3;
        padding: 20px;
}
.contenu3 {
        background-color: #366;
        padding: 20px;
        flex-basis: 0;
}
```

Voici le résultat obtenu dans un navigateur :

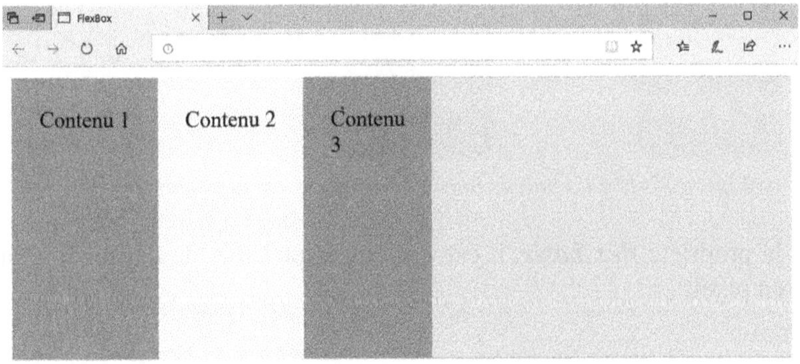

Figure 12-10 : La largeur du contenu 3 est la plus petite possible

La valeur par défaut de la propriété ***flex-basis*** est la valeur ***auto***.

```
#conteneur {
        display: flex;
        background-color: #ccc;
        height: 200px;
}
```

```
.contenu1 {
        background-color: #f9f;
        padding: 20px;
}
.contenu2 {
        background-color: #ff3;
        padding: 20px;
}
.contenu3 {
        background-color: #366;
        padding: 20px;
        flex-basis: auto;
}
```

Voici le résultat obtenu dans un navigateur :

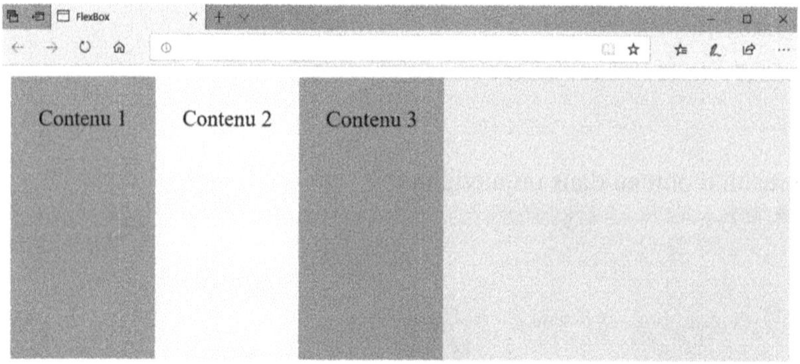

Figure 12-11 : La valeur auto de flex-basis est la valeur par défaut

Grâce à la propriété ***flex-basis***, il est également possible de définir une largeur de contenu en pixel.

```
#conteneur {
        display: flex;
        background-color: #ccc;
        height: 200px;
}
.contenu1 {
        background-color: #f9f;
        padding: 20px;
}
```

```
.contenu2 {
        background-color: #ff3;
        padding: 20px;
}
.contenu3 {
        background-color: #366;
        padding: 20px;
        flex-basis: 100px;
}
```

Voici le résultat obtenu dans un navigateur

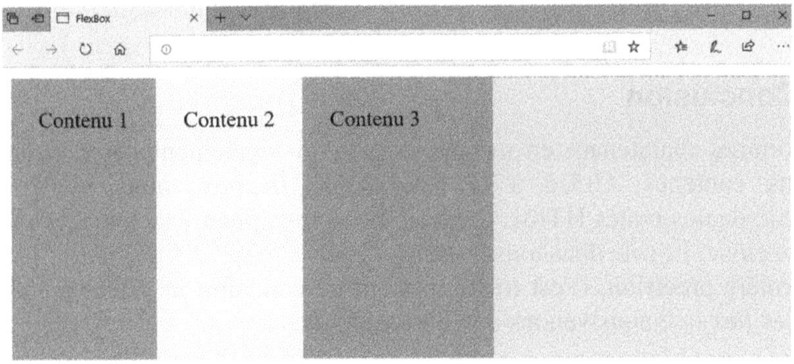

Figure 12-12 : On définie 100 pixels de large pour le contenu 3

12.4. La super propriété *flex*

Il existe une propriété qui regroupe les trois propriétés que nous venons de voir. Il s'agit de la propriété ***flex***. En définissant la propriété ***flex***, nous définissons alors la propriété ***flex-grow***, ***flex-shrink*** et ***flex-basis***.
Si nous devions définir une propriété ***flex*** pour le contenu 3 que nous avons définie précédemment, alors nous lui donnerions en première valeur la valeur 0 puisqu'il s'agit de la valeur par défaut de la propriété ***flex-grow***. Nous lui donnerions la valeur 1 en deuxième valeur puisqu'il s'agit de la valeur par défaut de la propriété ***flex-shrink***. Et enfin, nous lui donnerions la valeur 100px puisqu'il s'agit de la valeur que nous avons définie pour la propriété ***flex-basis***.

```
.contenu3 {
        background-color: #366;
        padding: 20px;
        flex: 0 1 100px;
}
```

Nous obtiendrions exactement le même résultat que précédemment :

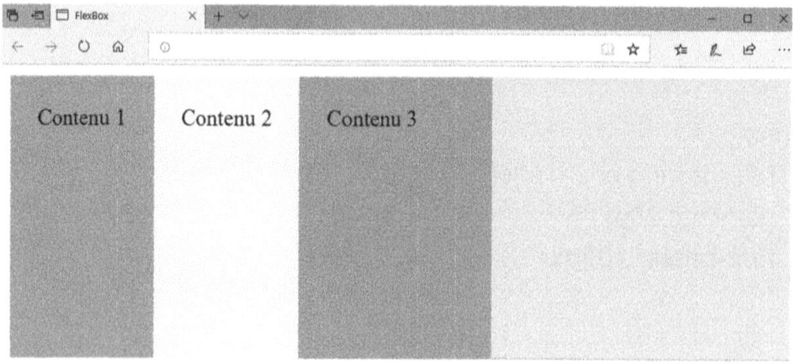

Figure 12-13 : Résultat de la propriété flex

12.5. Conclusion

Nous sommes maintenant en mesure de pouvoir également gérer la largeur des différents contenus. Grâce à la technologie ***flexbox***, nous pouvons rendre l'ensemble de nos boîtes HTML flexibles et les manipuler exactement comme nous en avons envie. Et cela dans tous les sens.
Une dernière précision, il est très important de connaître la valeur par défaut des propriétés ***flex*** que nous venons de voir ensemble.

Chapitre 13

Création d'une maquette

13.1. Présentation du travail

Afin de consolider nos nouvelles connaissances sur la technologie ***flexbox***, nous allons créer la maquette d'un site totalement responsive. Voici à quoi devra ressembler notre maquette sur un écran d'ordinateur.

Figure 13-1 : Mise en page pour un écran d'ordinateur

Et voici à qui devra ressembler notre maquette pour les écrans inférieurs :

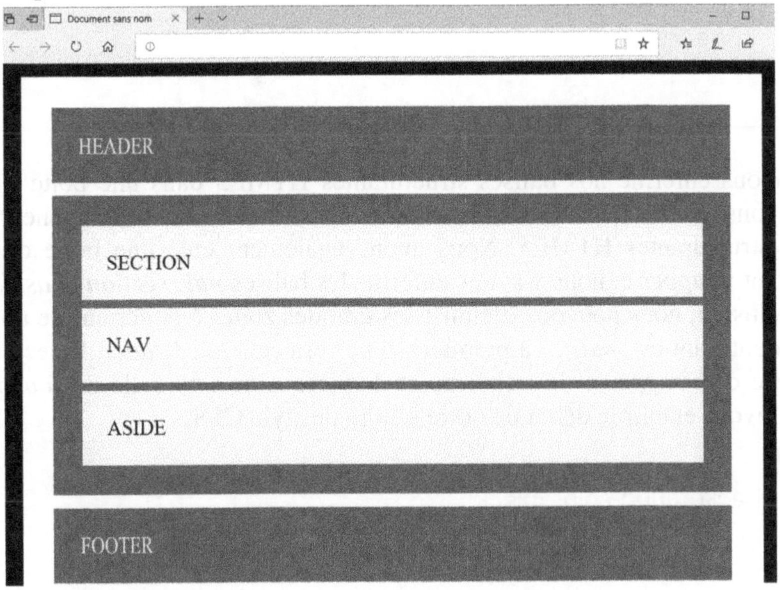

Figure 13-2 : Mise en page pour les écrans inférieurs

13.2. Première partie

La première chose que nous avons à faire est de mettre en place nos balises structurantes HTML5. Nous allons donc créer notre fichier HTML

```
<!doctype html>
<html>
<head>
<meta charset="utf-8">
<title>Mon site</title>
<link rel="stylesheet" href="style.css" />
</head>
<body>
<div id="main">
   <header>HEADER</header>

   <div id="wrapper">
         <nav>NAV</nav>
      <section>SECTION</section>
      <aside>ASIDE</aside>
   </div>

   <footer>FOOTER</footer>
</div>
</body>
</html>
```

Nous avons enfermé nos balises structurantes HTML5 dans une boîte à laquelle nous avons donné pour identifiant ***main***. Cette boîte sera le conteneur de nos balises structurantes HTML5. Nous avons également créé une boîte qui a pour identifiant ***wrapper*** et nous y avons enfermé les balises ***nav***, ***section*** et ***aside***.
En conclusion, nous pouvons définir trois grandes zones à l'intérieur de notre boîte dont l'identifiant est ***main***. La première zone sera celle du ***header***, la seconde zone sera celle du ***wrapper*** et la troisième et dernière zone sera celle du ***footer***. De là, nous pouvons établir le début de notre feuille de style CSS.

```
body {
        background-color: black;
}
#main {
```

```
        display:flex;
        background-color: white;
        padding: 20px;
        margin: 10px;
        flex-direction: column;
}
#wrapper, header, footer {
        background-color: grey;
        padding: 20px;
        margin: 5px;
}
```

Voici le résultat dans un navigateur

Figure 13-3 : Mise en place de trois zones

Nous en avons profité pour donner une couleur de fond au body, ainsi qu'aux différentes zones.
La chose importante que nous avons faite ici est de donner une direction en colonne à notre contenu, grâce à la propriété ***flex-direction*** au sein du conteneur.

13.3. Deuxième partie

Nous venons de mettre en place les bases de notre mise en page. Pour aller plus loin sur cette mise en page, nous devons à présent positionner les contenus qui se trouvent à l'intérieur de la boîte dont l'identifiant est ***wrapper***. Ces contenus doivent être positionnés en ligne. Nous devons donc définir la boîte ***wrapper*** comme étant un conteneur et donc lui donner la propriété ***display*** avec la valeur ***flex***. Nous en profiterons également pour donner un style à la ***nav***, la ***section*** ainsi que l'***aside*** afin de les rendre visuellement plus jolies.

```
body {
        background-color: black;
}
#main {
        display:flex;
        background-color: white;
        padding: 20px;
        margin: 10px;
        flex-direction: column;
}
#wrapper, header, footer {
        background-color: grey;
        padding: 20px;
        margin: 5px;
}
#wrapper {
        display:flex;
}
nav, section, aside {
        background-color: yellow;
        padding: 20px;
        margin: 3px;
}
```

Voici le résultat dans un navigateur :

Figure 13-4 : Définition du wrapper en conteneur

On rappelle que par défaut, le fait de donner un ***display:flex*** à un conteneur, fera que les contenus seront alignés suivant l'axe horizontal. On rappelle également que par défaut, les contenus ***nav***, ***section*** et ***aside*** ont pour largeur ce qu'ils contiennent. Si nous voulons que la section occupe toute la largeur restante, alors nous pouvons lui donner la propriété ***flex-grow***.

```
body {
	background-color: black;
}
#main {
	display:flex;
	background-color: white;
	padding: 20px;
	margin: 10px;
	flex-direction: column;
}
#wrapper, header, footer {
	background-color: grey;
	padding: 20px;
	margin: 5px;
}
#wrapper {
	display:flex;
}
nav, section, aside {
	background-color: yellow;
	padding: 20px;
	margin: 3px;
}
section {
	flex-grow: 2;
}
```

Voici le résultat dans un navigateur :

Figure 13-5 : On augmente la largeur de la section

Nous venons de mettre en place la mise en page souhaitée pour les écrans d'ordinateur. Nous allons à présent nous intéresser à la mise en page souhaitée pour les écrans inférieurs. La première chose à faire est de définir un ***point de rupture***. Nous allons définir ce point à 900 pixels. Ensuite, que veut-on pour les écrans inférieurs ? Nous voulons simplement que la ***nav***, la ***section*** ainsi que l'***aside*** soient empilées. Les autres zones sont déjà empilées.

```
body {
        background-color: black;
}
#main {
        display:flex;
        background-color: white;
        padding: 20px;
        margin: 10px;
        flex-direction: column;
}
#wrapper, header, footer {
        background-color: grey;
        padding: 20px;
        margin: 5px;
}
#wrapper {
        display:flex;
}
nav, section, aside {
        background-color: yellow;
```

```
        padding: 20px;
        margin: 3px;
}
section {
        flex-grow: 2;
}
@media screen and (max-width:900px) {
        #wrapper {
                flex-direction: column;
        }
        nav {
                order: 1;
        }
        aside {
                order: 2;
        }
}
```

Nous avons également modifié l'ordre d'apparition puisque l'empilement devra être la ***section*** en premier, suivie de la ***nav***, elle-même suivie de l'***aside***.

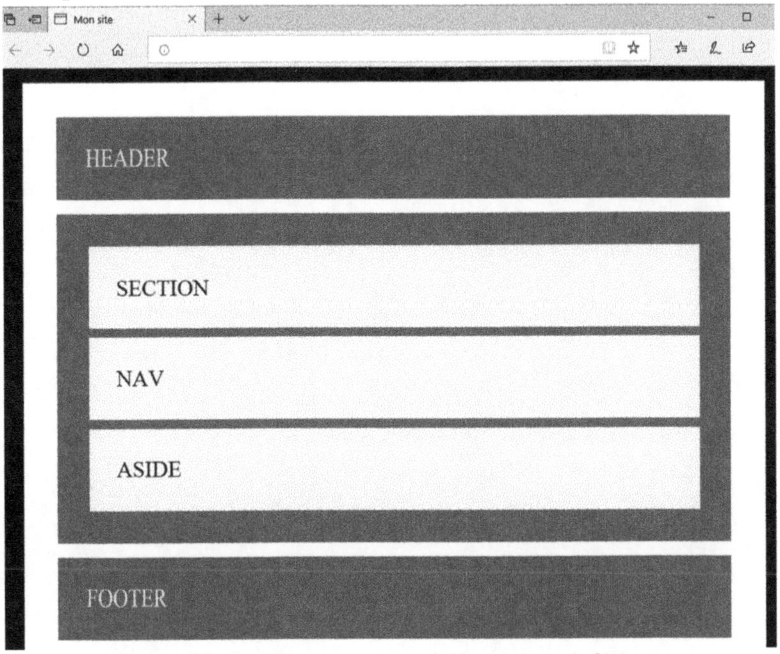

Figure 13-6 : Mise en page pour les écrans inférieurs

13.4. Conclusion

Avec quelques propriétés CSS issues de flexbox, il est très facile de mettre en page des conteneurs ainsi que des contenus. La gestion du responsive en devient tout aussi facile.

Nous venons dans ce livre d'apprendre la technologie ***grid*** ainsi que la technologie ***flexbox***. Dans la troisième et dernière partie de ce livre, nous allons voir comment utiliser ces deux technologies ensembles.

Partie 3

GRID & FLEXBOX ENSEMBLE

Chapitre 14

Utiliser *grid* & *flexbox* ensemble

14.1. Le principe de base

Dans ce chapitre nous allons voir le principe de base de construction d'une page web en utilisant les technologies ***grid*** et ***flexbox*** ensemble. Tout d'abord, nous allons considérer un principe, le principe de l'entonnoir. Cela signifie clairement que lorsque l'on cherche à mettre en page un site internet, nous partirons du général pour terminer sur le détail.

Figure 14-1 : Le principe de l'entonnoir

La première chose que nous devons faire lorsque nous voulons créer une mise en page, c'est tout simplement de mettre en place les balises HTML. Les balises structurantes et non les balises de détail telles que les balises de titre ou de paragraphe.

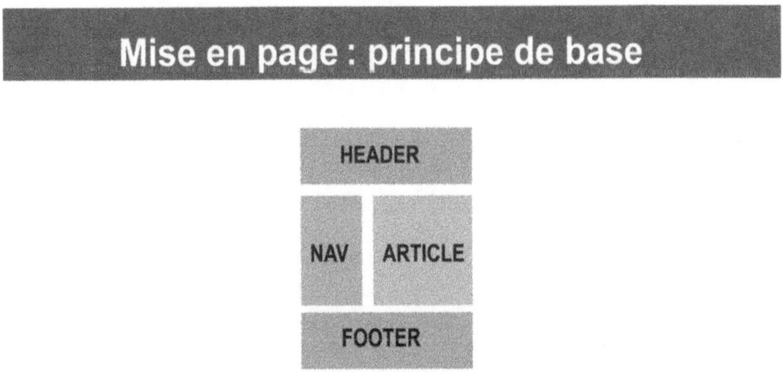

Figure 14-2 : Mise en page des balises structurantes

Une fois les balises structurantes écrites, nous les mettons en page en utilisant la technologie ***grid***, exactement ce que nous avons appris dans la première partie de ce livre. Nous ne cherchons pas à mettre en place des détails, nous cherchons simplement à positionner les différentes zones sur la page web. La zone ***header***, la zone ***nav***, la zone ***article*** et la zone ***footer***, pour cet exemple. C'est également à cette étape que nous décidons si notre site sera ***mobile first*** ou bien ***destock first***. Nous écrirons le CSS en conséquence. Si nous voulons que notre site soit en priorité destiné aux écrans de smartphone, alors nous choisirons une mise en page côté ***mobile first***. Si nous souhaitons que notre site soit en priorité pour les écrans d'ordinateur alors nous choisirons une mise en page ***destock first***. Ensuite nous mettrons en place les médias queries pour définir les autres mises en page. Une fois que toutes les zones ont été positionnées, alors nous allons pouvoir entrer dans le détail. Pour cela nous irons à l'intérieur de chacune des zones afin de les travailler. En fait nous irons positionner les contenus au sein de ces zones. En clair, nous ferons de chaque zone un conteneur et chaque zone deviendra un ***flexbox***.

Faisons un récapitulatif de la façon de procéder :

1. On écrit les balises structurantes.
2. On définit le mobile first ou le destock first.
3. On met en forme les balises structurantes en utilisant le CSS grid.
4. On met en forme chaque zone de balise structurante en utilisant flexbox.

14.2. Le HTML 5

On débute la mise en page de son site internet par l'écriture des balises structurantes HTML 5. Ici nous allons réaliser une mise en page simple en plaçant une entête de page (le header), un pied de page (le footer), une zone pour la navigation ainsi qu'une zone pour l'article. Ecrivons notre fichier HTML

```
<!doctype html>
<html>
<head>
<meta charset="utf-8">
<title>Mon site</title>
<link rel="stylesheet" href="style.css" />
</head>
<body>
<header>header</header>
<nav>nav</nav>
<article>article</article>
<footer>footer</footer>
```

```
</body>
</html>
```

Ecrivons également une feuille de style juste pour mettre des couleurs de fond aux différentes zones afin de pouvoir les distinguer au sein d'un navigateur.

```
header {
        background-color: #900;
}
nav {
        background-color: #060;
}
article {
        background-color: #f60;
}
footer {
        background-color: #f0f;
}
```

Nous venons de définir quatre zones à qui nous avons donné une couleur de fond. Ces zones ont par défaut un comportement CSS de type ***bloc***. Cela signifie qu'elles vont occuper toute la largeur qui leur est allouée.
Voici le résultat dans un navigateur

Figure 14-3 : Mise en place des balises structurantes HTML 5

Lorsque l'on crée une page web, très souvent on neutralise les marges par défaut du navigateur. Pour cela nous donnons la valeur ***0*** aux propriétés ***margin*** et ***padding*** que nous appliquons à l'élément ***body***.

```
body {
        margin: 0;
        padding:0;
}
header {
        background-color: #900;
```

```
}
nav {
        background-color: #060;
}
article {
        background-color: #f60;
}
footer {
        background-color: #f0f;
}
```

Voici le résultat dans un navigateur :

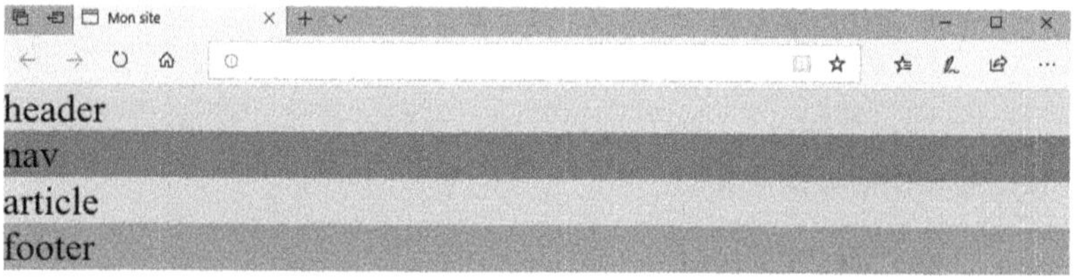

Figure 14-4 : Suppression des marges par défaut du navigateur

A partir de maintenant, nous allons enfermer nos balises structurantes à l'intérieur d'une boîte ***div***. Ainsi nous pourrons contrôler la largeur que nous souhaitons donner à notre site. Nous donnerons l'identifiant ***site*** à cette boîte ***div***.

```
<html>
<head>
<meta charset="utf-8">
<title>Mon site</title>
<link rel="stylesheet" href="style.css" />
</head>
<body>
<div id="site">
   <header>header</header>
   <nav>nav</nav>
   <article>article</article>
   <footer>footer</footer>
</div>
</body>
</html>
```

Nous allons donc pouvoir appliquer une largeur à notre site web au travers de son identifiant. Nous lui donnerons une largeur de 75%. Nous en profiterons également pour centrer le site au sein de la page.

```
body {
	margin: 0;
	padding:0;
}
#site {
	width: 75%;
	margin: auto;
}
header {
	background-color: #900;
}
nav {
	background-color: #060;
}
article {
	background-color: #f60;
}
footer {
	background-color: #f0f;
}
```

Voici le résultat dans un navigateur

Figure 14-5 : Une boîte div gère la largeur du site

14.3. Les principes de base de *grid*

Précédemment nous avons enfermé nos balises structurantes à l'intérieur d'une boîte ***div***. Le constat était que les balises structurantes sont par défaut de type ***bloc***. Elles occupent 100% de la largeur qui leur est allouée.
Ce travail maintenant réalisé, nous pouvons passer à ***CSS grid***. Nous allons aller dans les grandes lignes de ***grid***. On rappelle que l'on travaille sous le principe de l'entonnoir. Aucun détail, que du général.
Le travail sera toujours le même. A savoir, nous donnons un ***display:grid*** au conteneur. Puis nous devons définir des colonnes au conteneur. Pour cela nous utilisons la propriété ***grid-template-columns***. Ensuite, nous devons donner des noms aux différentes zones définies pour les différents éléments structurants. Pour cela nous utilisons la propriété ***grid-area*** que nous écrivons au sein des propriétés de chaque élément. Enfin, nous revenons dans les propriétés CSS du conteneur, et nous écrivons la propriété ***grid-template-areas*** afin de positionner les éléments sur la page web.

Maintenant que nous avons vu les principes de base de ***grid***, revenons sur notre code précédent. Nous avions enfermé les balises structurantes à l'intérieur de la boîte qui a pour identifiant ***site***. C'est précisément à cette boîte que nous allons donner le ***display:grid***. Ensuite nous devons définir le nombre de colonnes que devra occuper notre site. Pour notre exemple, nous allons définir deux colonnes.

```
#site {
	width: 400px;
	margin: auto;
	display: grid;
	grid-template-columns: 1fr 2fr;
}
```

Maintenant nous devons définir un nom aux différentes zones structurantes grâce à la propriété ***grid-area*** que nous écrivons dans chacune des propriétés CSS des éléments structurants. Dans notre exemple, nous avons quatre zones, Le ***header***, la ***nav***, l'***article*** et le ***footer***.

```
header {
	background-color: #900;
	grid-area: header;
}
nav {
	background-color: #060;
	grid-area: nav;
}
```

```
article {
        background-color: #f60;
        grid-area: article;
}
footer {
        background-color: #f0f;
        grid-area: footer;
}
```

Il ne nous reste plus qu'à dire comment les éléments doivent être positionnés sur la page. Pour cela nous retournons dans les propriétés CSS du conteneur pour y écrire la propriété ***grid-template-areas***.

```
#site {
        width: 75%;
        margin: auto;
        display: grid;
        grid-template-columns: 1fr 2fr;
        grid-template-areas:
                "header header"
                "nav article"
                "footer footer";
}
```

Ici nous venons de placer le ***header*** en haut de la page sur les deux colonnes du site, en dessous nous avons placé la navigation à gauche de l'écran et l'article à droite de l'écran. Enfin le ***footer*** en bas de la page sur les deux colonnes du site.
Nous pouvons également ajouter des gouttières afin d'espacer les différentes zones.

```
#site {
        width: 75%;
        margin: auto;
        display: grid;
        grid-gap: 5px;
        grid-template-columns: 1fr 2fr;
        grid-template-areas:
                "header header"
                "nav article"
                "footer footer";
}
```

Voici le code CSS complet de notre exemple.

```
body {
        margin: 0;
        padding:0;
}
#site {
        width: 75%;
        margin: auto;
        display: grid;
        grid-gap: 5px;
        grid-template-columns: 1fr 2fr;
        grid-template-areas:
                "header header"
                "nav article"
                "footer footer";
}
header {
        background-color: #900;
        grid-area: header;
}
nav {
        background-color: #060;
        grid-area: nav;
}
article {
        background-color: #f60;
        grid-area: article;
}
footer {
        background-color: #f0f;
        grid-area: footer;
}
```

Voici le résultat dans un navigateur

Figure 14-6 : Notre site sur 2 colonnes

La structure de notre site est maintenant réalisée. C'est vraiment très facile et très rapide à mettre en place. Il nous faut juste quelques propriétés CSS issues de la technologie ***grid***.

Si par exemple, nous changeons d'avis et que nous souhaitons que la navigation soit à droite de l'écran et donc l'article à gauche, alors il nous suffit de les inverser dans la propriété ***grid-template-areas***. N'oublions pas cependant d'inverser la largeur des colonnes dans la propriété ***grid-template-columns***.

```
#site {
        width: 75%;
        margin: auto;
        display: grid;
        grid-gap: 5px;
        grid-template-columns: 2fr 1fr;
        grid-template-areas:
                "header header"
                "article nav"
                "footer footer";
}
```

Voici le résultat dans un navigateur

Figure 14-7 : Inversion des colonnes

Grâce aux propriétés liées à ***CSS grid***, nous pouvons positionner les différentes zones où bon nous semble sur la page web, sans pour cela être obligé de modifier le code HTML.

14.4. Le principe des *media queries*

Afin de mettre en place les ***media queries*** dans une feuille de style, nous employons toujours le même type d'écriture. A savoir, nous définissons les ***media queries*** pour les écrans et nous définissons une largeur d'écran maximum ou une largeur d'écran minimum.

```
@media screen and () {
}
```

Tout ce qui se retrouvera au sein des accolades sera la ou les propriétés CSS liées à cet écran.
Si par exemple nous travaillons en ***destock first***, nous pouvons définir une largeur du site de 1000 pixels. Ce sera alors la largeur par défaut. Cette largeur aura alors été définie dans les propriétés CSS du conteneur grâce à la propriété ***width***.
Ensuite et grâce aux ***medias queries***, nous pouvons alors définir la largeur du site lorsque l'internaute viendra avec un navigateur inférieur à 1000 pixels. Par exemple un navigateur d'une largeur maximum de 999 pixels.

```
@media screen and (max-width: 999px) {
}
```

Cela signifie que si l'internaute arrive avec un écran supérieur à 999 pixels, il aura alors accès à notre site qui aura pour largeur par défaut, 1000 pixels. Dans le cas contraire, si l'internaute arrive avec un écran inférieur ou égal à 999 pixels, alors il aura accès à notre site qui aura pour largeur celle que nous lui aurons définie à l'intérieur des accolades des ***media queries***.

On peut ajouter autant de ***medias queries*** qu'on le souhaite. Par exemple on peut définir des propriétés CSS pour notre site si l'internaute arrive avec un écran de smartphone que l'on pourrait définir à 200 pixels par exemple.
Dans ce cas, nous aurions des ***media queries*** pour les écrans inférieurs ou égaux à 200 pixels et des ***media queries*** pour les écrans dont la taille est comprise entre 999 et 201 pixels.

```
PROPRIETES PAR DEFAUT
@media screen and (max-width: 999px) and (min-width: 201px) {
PROPRIETES 1
}

@media screen and (max-width: 200px) {
PROPRIETES 2
}
```

Si l'internaute arrive avec un écran d'au moins 1000 pixels, il aura les propriétés CSS par défaut, s'il arrive avec un navigateur compris entre 999 pixels et 201 pixels il aura alors les propriétés CSS numéro 1, et enfin s'il arrive avec un écran inférieur ou égal à 200 pixels il aura alors les propriétés CSS numéro 2.

14.5. Le *viewport*

Le ***meta viewport*** va nous permettre de rectifier les informations qui nous sont fournies par le constructeur. Par exemple, un constructeur annonce un smartphone ayant pour largeur 1280 pixels. Cependant les pixels annoncés par le constructeur ne sont pas les pixels dont nous nous servons en qualité de développeur *front end*. Ces 1280 pixels sont surtout liés à la définition de l'affichage du smartphone. En réalité, les 1280 pixels annoncés seraient peut être pour nous, concepteur de site internet, 400 pixels. Le ***meta viewport*** va nous permettre de pouvoir rectifier cette différence, nous permettant ainsi d'utiliser la même échelle de pixels que celle utilisée pour les écrans d'ordinateur. Voici comment doit être déclaré un ***meta viewport***.

```
<meta name="viewport" content="width=device-width, initial-scale=1" />
```

device-width *indique au navigateur d'utiliser la vraie taille de l'appareil.*
Initial-scale=1 *signifie qu'il n'y a aucun zoom. On est alors sur une échelle de 1 pour1.*

Nous allons ajouter ce meta à notre fichier HTML

```
<!doctype html>
<html>
<head>
<meta charset="utf-8">
<title>Mon site</title>
<meta name="viewport" content="width=device-width, initial-scale=1" />
<link rel="stylesheet" href="style.css" />
</head>
<body>
<div id="site">
   <header>header</header>
   <nav>nav</nav>
   <article>article</article>
   <footer>footer</footer>
</div>
```

```
</body>
</html>
```

14.6. Mise en place du responsive

Reprenons notre exemple précédent et ajoutons-lui les ***medias queries*** afin de rendre notre site internet responsive.
Tout d'abord, modifions la largeur par défaut de notre site internet. Passons-la de 75% à 1000 pixels.

```
#site {
    width: 1000px;
    margin: auto;
    display: grid;
    grid-gap: 5px;
    grid-template-columns: 2fr 1fr;
    grid-template-areas:
        "header header"
        "article nav"
        "footer footer";
}
```

Nous allons maintenant définir la mise en page de notre site pour les internautes arrivant avec un écran compris entre 999 pixels et 201 pixels. Nous décidons que pour ces écrans, la ***nav*** se retrouve à gauche de l'écran, à côté de l'***article*** qui sera à droite de l'écran, et également à côté du ***footer*** qui sera aussi à droite de l'écran. Nous passerons la largeur du site à 90%.
Voici les propriétés CSS pour les écrans compris entre 999 pixels et 201 pixels.

```
@media screen and (max-width: 999px) and (min-width: 201px) {
    #site {
        width: 90%;
        grid-template-columns: 1fr 2fr;
        grid-template-areas:
            "header header"
            "nav article"
            "nav footer";
    }
}
```

Voici le résultat dans un navigateur compris en 999 et 201 pixels

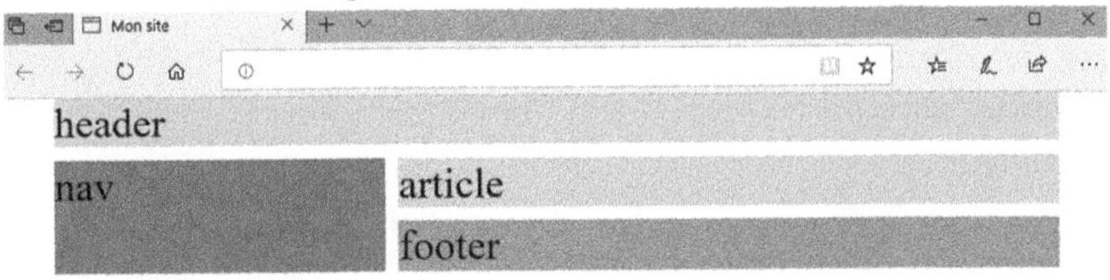

Figure 14-8 : Mise en page pour les écrans compris entre 999 et 201px

Occupons-nous à présent des écrans dont la largeur sera inférieure ou égale à 200 pixels. Nous maintiendrons une largeur de 90% pour le site. Nous demanderons que l'ensemble des éléments soient empilés, donc une seule colonne avec la ***nav*** au-dessus de l'***article***.

```
@media screen and (max-width: 200px) {
        #site {
            width: 90%;
            grid-template-columns: 1fr;
            grid-template-areas:
                    "header"
                    "nav"
                    "article"
                    "footer";
        }
}
```

Voici le résultat dans un navigateur inférieur ou égal à 200 pixels

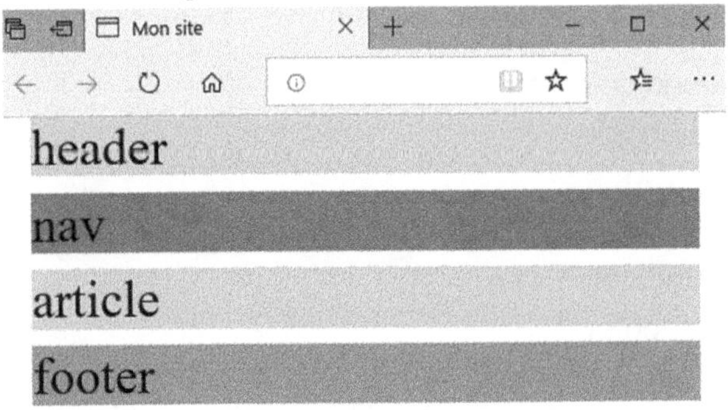

Figure 14-9 : Mise en page pour les écrans inférieurs ou égal à 200px

Voici la feuille de style complète

```
body {
	margin: 0;
	padding:0;
}
#site {
	width: 1000px;
	margin: auto;
	display: grid;
	grid-gap: 5px;
	grid-template-columns: 2fr 1fr;
	grid-template-areas:
		"header header"
		"article nav"
		"footer footer";
}
header {
	background-color: #900;
	grid-area: header;
}
nav {
	background-color: #060;
	grid-area: nav;
}
article {
	background-color: #f60;
	grid-area: article;
}
footer {
	background-color: #f0f;
	grid-area: footer;
}

@media screen and (max-width: 999px) and (min-width: 201px) {
	#site {
	    width: 90%;
```

```
            grid-template-columns: 1fr 2fr;
            grid-template-areas:
                    "header header"
                    "nav article"
                    "nav footer";
        }
}

@media screen and (max-width: 200px) {
        #site {
            width: 90%;
            grid-template-columns: 1fr;
            grid-template-areas:
                    "header"
                    "nav"
                    "article"
                    "footer";
        }
}
```

14.7. Les principes de base de *flexbox*

Il ne nous reste plus à présent qu'une seule étape, celle de la mise en place de ***flexbox***. Toujours en gardant à l'esprit le principe de l'entonnoir, nous entrons à présent dans le détail des zones. Si nous prenons par exemple la première zone, c'est-à-dire le ***header***, il nous suffit alors d'en faire un conteneur en lui donnant un ***display:flex***. De là nous entrons dans la technologie ***flexbox***. Cela signifie immédiatement que notre zone possède alors deux axes. Un axe principal, qui par défaut sera l'axe horizontal et un axe secondaire, qui par défaut sera l'axe vertical. Le fait de disposer de deux axes va nous permettre de pouvoir positionner les contenus qui vont se retrouver à l'intérieur de la zone ***header***. Si nous souhaitons aligner ces contenus le long de leur axe principal, alors nous utiliserons la propriété ***justify-content*** et si nous souhaitons positionner les contenus le long de leur axe secondaire alors nous utiliserons la propriétés ***align-item***.

Revenons à notre exemple précédent. Nous allons placer au niveau HTML trois boîtes ***div*** au sein du ***header***. Nous donnerons à chacune de ces boîtes la classe ***flexbox***. Voici à la page suivante notre fichier HTML.

```
<!doctype html>
<html>
<head>
<meta charset="utf-8">
<title>Mon site</title>
<meta name="viewport" content="width=device-width, initial-scale=1" />
<link rel="stylesheet" href="style.css" />
</head>
<body>
<div id="site">
   <header>
         <div class="flexbox">Box 1</div>
         <div class="flexbox">Box 2</div>
         <div class="flexbox">Box 3</div>
   </header>
   <nav>nav</nav>
   <article>article</article>
   <footer>footer</footer>
</div>
</body>
</html>
```

Nous en profitons pour définir une couleur de fond à nos trois nouvelles boîtes et nous ajoutons ce code à notre fichier CSS

```
.flexbox {
        background-color: #ff0;
}
```

Voici le résultat dans un navigateur

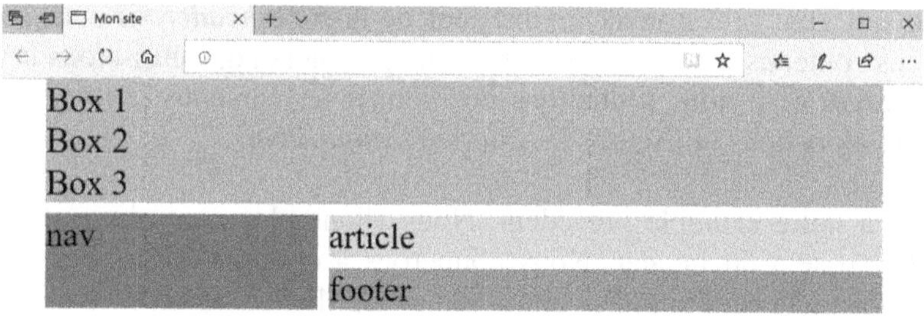

Figure 14-10 : Résultat sur un écran compris entre 999 pour 201px

Nous nous rendons compte immédiatement que nos trois nouvelles boîtes ont un comportement par défaut de type ***bloc***. Elles sont empilées l'une sur l'autre. Afin de casser ce comportement, il nous suffit de donner la propriété ***display:flex*** à notre ***header***.

```
header {
        background-color: #900;
        grid-area: header;
        display: flex;
}
```

Voici le résultat dans un navigateur

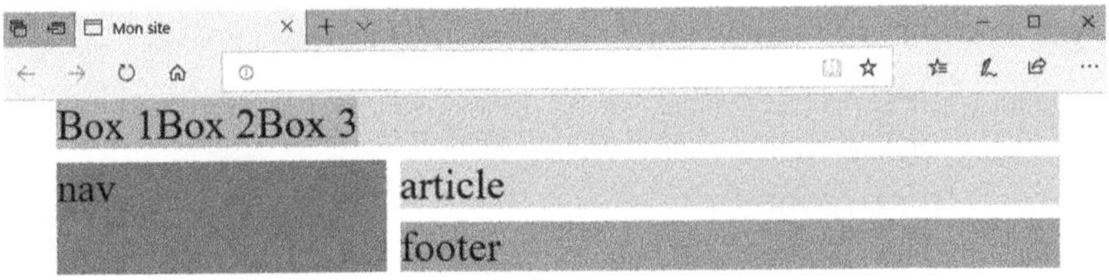

Figure 14-11 : On donne un display:flex au header

De ce fait, le ***header*** possède un axe principal ainsi qu'un axe secondaire, facilitant ainsi sa mise en page. On peut à présent demander à aligner les trois boîtes selon l'axe principal.

```
header {
        background-color: #900;
        grid-area: header;
        display: flex;
        justify-content: space-around;
}
```

Voici le résultat dans un navigateur

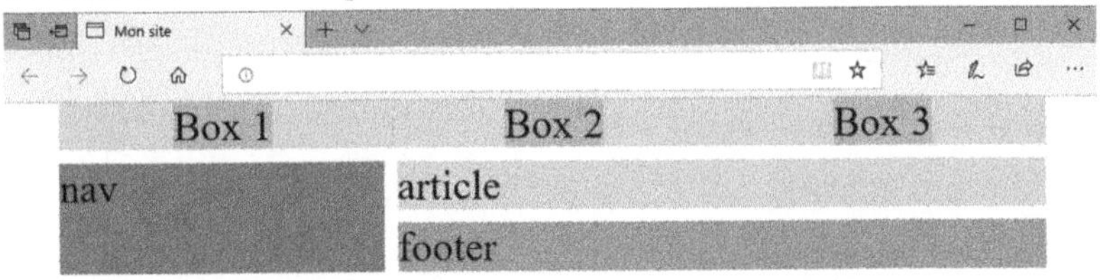

Figure 14-12 : On aligne les contenus selon l'axe horizontal

Il nous suffit de répéter l'opération au sein de chaque élément, voire même à l'intérieur des différents ***media queries***.

Voici le code CSS de l'exercice complet

```
body {
        margin: 0;
        padding:0;
}
#site {
        width: 1000px;
        margin: auto;
        display: grid;
        grid-gap: 5px;
        grid-template-columns: 2fr 1fr;
        grid-template-areas:
                "header header"
                "article nav"
                "footer footer";
}
header {
        background-color: #900;
        grid-area: header;
        display: flex;
        justify-content: space-around;
}
.flexbox {
        background-color: #ff0;
}
nav {
        background-color: #060;
        grid-area: nav;
}
article {
        background-color: #f60;
        grid-area: article;
}
footer {
        background-color: #f0f;
        grid-area: footer;
```

```
}

@media screen and (max-width: 999px) and (min-width: 201px) {
        #site {
            width: 90%;
            grid-template-columns: 1fr 2fr;
            grid-template-areas:
                    "header header"
                    "nav article"
                    "nav footer";
        }
}

@media screen and (max-width: 200px) {
        #site {
            width: 90%;
            grid-template-columns: 1fr;
            grid-template-areas:
                    "header"
                    "nav"
                    "article"
                    "footer";
        }
}
```

Index lexical

Imprimé en France en octobre 2019
par l'Imprimerie Maury S.A.S. à Millau (12)
N° d'impression : J19/59448J
Dépôt légal : octobre 2019